Papierfalten

für kleine Hände

Regina-Maria Altmeyer, Michael Altmeyer,
Erika Bock, Elke Fox, Daniela Köbler,
Miyuki Lacza, Ursula Ritter,
Halyna Salo, Martha Steinmeyer, Ingrid Wurst

christophorus

Inhalt

7 Falten macht Spaß

8 Material & Technik

9 Faltsymbole

10 Zickzackvögel *

12 Lustige Clowns *

14 Blumenwiese *

18 Schmetterlinge **

22 Osterhasen ***

24 Familie Huhn *****

28 Piratenschiffe ***

30 Bunte Flieger ***

32 Krokodil ***

34 Fangbecher **

36 Ungeheuer **

38 Raupen ****

40 Kleine Tüten ***

44 Bunter Drache **

46 Käuzchen *

48 Igelfamilie ****

50 Sternschachteln ****

52 Engel ***

54 Wichtel *

56 Sterne **

60 Kleine Boxen ****

62 Pinguine ***

64 Vorlagen

Klassische Faltungen

40 Becher falten

30 Flieger falten

12 Hexentreppe

48 Himmel und Hölle

28 Schiffchen falten

10 Zickzackfaltung

Falten macht Spaß

Ob weiß, farbig oder bedruckt, jedes Blatt Papier bietet eine Vielzahl von Gestaltungsmöglichkeiten. Erwachsene und Kinder sind gleichermaßen davon fasziniert, wie aus einer zweidimensionalen Fläche im Handumdrehen ein dreidimensionales Objekt entsteht, mit dem man auch noch spielen oder dekorieren kann.

Die Grundfalttechniken sind schnell erlernt und dann kann experimentiert und variiert werden. Die einfache Ziehharmonika-Faltung lässt sich in lustige Vögel fürs Fenster verwandeln. Aus der klassischen „Hexentreppe“ entstehen so unterschiedliche Figuren wie Clowns oder Drache, und die „Himmel-und-Hölle“-Faltung zeigt sich als Raupe oder Igel von einer ganz neuen Seite.

Alles, was man außer Papier und einigen Bastelmaterialien sonst noch braucht, ist ein bisschen Geduld und Sorgfalt – je mehr desto besser und um so größer wird die Freude an der harmonischen Faltarbeit sein.

Viel Spaß und gutes Gelingen!

Michael Altmeyer
Erika Bock
Miyuki Lacza
Marie-Regina Altmeyer
Elke Fox
Ursula Ritter
Daniela Köbler
Halyna Salo
Ingrid Wurst
Martha Steinmeyer

Material & Technik

Material

Im Fachhandel werden *Faltblätter* aus unterschiedlichen Papiersorten angeboten, zum Beispiel von der Buntpapierfabrik Ludwig Bähr:

1. *Faltblätter aus Plakatpapier, intensiv oder superintensiv*, 65 g/qm, quadratisch oder kreisrund
2. *Origami-Faltblätter*, 75 g/qm, einseitig bedruckt
3. *Japanische Origami-Faltblätter*, 70 g/qm, beidseitig unterschiedlich bedruckt
4. *Transparentpapier-Faltblätter*, 42 g/qm
5. *Faltblätter aus Strohseide*, 25 g/qm, mit Fasern vom Maulbeerbaum (o. Abb.)
6. *Tonpapier-Faltblätter*, 130 g/qm, unifarben oder mit Mustern, wie z. B. Pünktchen, (o. Abb.)

Außerdem ist jedes Papier geeignet, das sich scharf falten lässt, ohne zu reißen. Festes Papier erschwert allerdings das Falten. Bei Quadraten ist es wichtig, dass wie bei den fertigen Faltpapieren alle vier Seiten gleich lang und gerade geschnitten sind.

1

2

3

4

Zur Technik des Faltens

Bitte folgende Grundregeln beachten:

- Für Anfänger darf die Faltarbeit nicht zu klein werden, geübtere Kinder kommen auch mit kleineren Formaten zurecht.
- Auf einer glatten, festen Fläche falten.
- Gerade und exakt falten.
- Die Faltkante mit dem Zeigefinger nachfahren. Ist sie nicht scharf genug, eventuell mit einem Lineal nachhelfen. Zur besseren Orientierung können die Faltlinien auch leicht vorgezeichnet werden.
- Beim Falten nicht nur den jeweiligen, sondern auch den folgenden Schritt ansehen.
- Die auf Seite 9 abgebildeten Faltsymbole beachten, besonders den Hinweis „Figur wenden".

Schwierigkeitsgrade

Bei jedem Motiv ist der Schwierigkeitsgrad der Faltarbeit angegeben. Er bezieht sich nicht auf die Ausgestaltung des Motivs. Bitte beachten Sie: Angaben von Schwierigkeitsgraden sind nur richtungsweisend. Bei Kindern gleichen Alters können die feinmotorischen Fähigkeiten unterschiedlich entwickelt sein.

*	*leicht*
* *	*etwas schwieriger*
* * *	*erfordert Konzentration*
* * * *	*erfordert mehr Geduld und Konzentration*

Faltsymbole

Werkzeuge & Hilfsmittel

(sind auf den folgenden Seiten nicht extra aufgeführt)

- Transparentpapier und Karton für Schablonen
- Bleistift, Radiergummi, Filzstifte in Rot, Schwarz, Lack- oder Gelstift in Weiß, Buntstift in Rot
- Lineal, Zirkel, Prickel- oder Stricknadel
- Bastelschere, Silhouettenschere
- Klebstoff, Wäscheklammern zum Fixieren

Vorlagen übertragen

Die Umrisse des ausgewählten Motivs auf Transparentpapier pausen, die Zeichnung mit einem Klebestift auf Karton kleben und ausschneiden. Diese Schablone auf das Werkmaterial legen und den Umriss mit Blei- oder Filzstift nachzeichnen.

Schneiden

Beim Schneiden das Werkstück in der Hand drehen. Bleistiftlinien wegschneiden oder später mit einem sauberen, weichen Radiergummi entfernen.

Kleben

Den Klebstoff immer sehr sparsam und etwas vom Rand entfernt auftragen, damit beim Zusammenpressen der Teile nichts hervorquillt. Für das Aufeinanderkleben von glatten Papierteilen und für das Verkleben von transparenten Papieren am besten einen Klebestift verwenden.

Faltsymbole

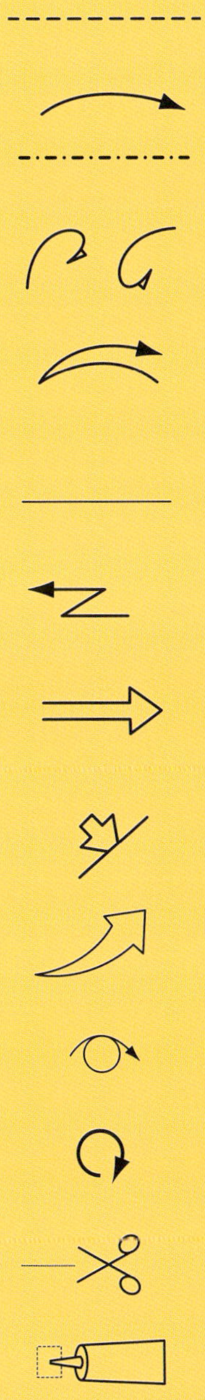

- Talfalte (nach vorn falten)
- Pfeil bei Talfalten
- Bergfalte (nach hinten falten)
- Pfeile bei Bergfalten
- Falten und wieder entfalten
- Vorhandene Falte
- Zickzack falten
- Herausziehen, aufklappen
- Hineingreifen
- Vergrößerte Ansicht
- Figur wenden
- Figur drehen
- Schneiden
- Kleben

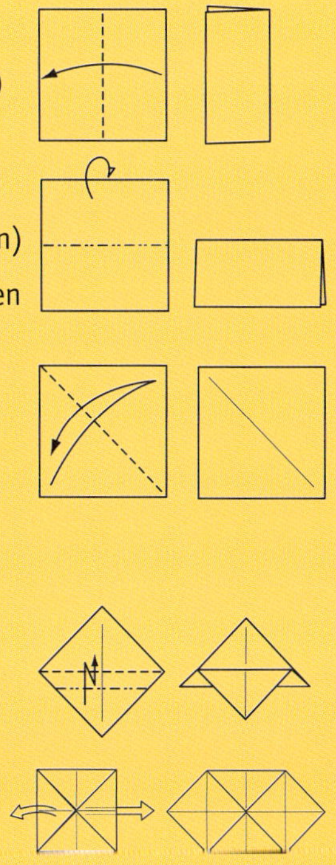

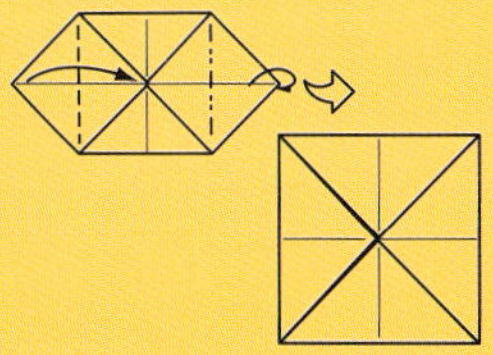

Zickzackvögel

Material

- Tonpapier oder festes Geschenk- oder Briefpapier
- Tonkarton

Schwierigkeitsgrad

*

Vorlage 1, Seite 64

1 Für jeden Vogel zwei Papiere zuschneiden: Für den Körper zum Beispiel 48 x 7,5 cm und für den Schwanz 16 x 13 cm.

2 Bei jedem Papierbogen einen 2 cm breiten Streifen umfalten und den Papierbogen zickzackartig falten (siehe unten).

3 Den Kopf und den Schnabel nach Vorlage 1 anfertigen. Den Schnabel aufkleben und die Augen aufmalen oder aufkleben. Als Feder einen schmalen Papierstreifen auf dem Kopf anbringen. Einen Tonkartonstreifen, 15 x 1,5 cm, schneiden und den Körper von unten halbkreisförmig dagegenkleben. Oben Kopf und Schwanz aufsetzen.

Zickzackfaltung

1 Von einem Papierbogen einen schmalen Streifen umfalten.

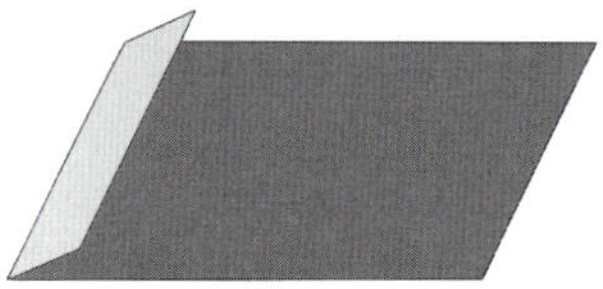

2 Den Papierbogen wenden und den Streifen auf gleicher Breite zurückfalten.

3 Das Papier falten und wenden, bis es ganz verarbeitet ist und wie eine Berg- und Tallandschaft aussieht.

Lustige Clowns

Material

- Tonpapier mit Streifen oder Blümchen
- Tonpapier in Weiß, Rot, Blau, Grün
- Fotokarton in Orange, Schwarz
- Rundkopfklammern, 0,7 cm Ø
- Filzstifte in Rot, Schwarz
- Pompons in Rot, 1 cm Ø
- Lochzange

Schwierigkeitsgrad

*

Vorlagen 2, 3,
Seiten 64/65

1 Die Tüte nach Vorlage 3 aus dem bunt gemusterten Tonpapier schneiden, falten und zusammenkleben.

2 Kopf und Gesicht von Vorlage 2 auf orangefarbenen Fotokarton übertragen und ausschneiden. Pompon als Nase aufkleben. Die Augen aus weißem Fotokarton schneiden und aufkleben. Pupillen, Augenbrauen und Mund aufmalen. Für die Haare feine Streifen aus Fotokarton schneiden und an die Kopfrückseite kleben. Den Kopf auf der Tüte fixieren.

3 Vier Streifen von 24 x 2 cm aus unifarbenem Tonpapier schneiden und zu zwei Hexentreppen falten (siehe unten). Die fertigen Hexentreppen rechts und links unten an die Seitenflächen des Körpers kleben.

4 Beine, Schuhe und Hände von Vorlage 2 auf Fotokarton übertragen und ausschneiden. Schuhe und Hände wie abgebildet ankleben. Die Tüten oben zusammendrücken und mit spitzer Schere rechts und links ein Loch bohren. Die Beine mit der Lochzange lochen. Die Tüte füllen. Die Beine mit einer Klammer an der Tüte befestigen.

Hexentreppen falten

1 Zwei gleich lange und breite Papierstreifen in einen rechten Winkel legen und an der Überlappung zusammenkleben. Den unten liegenden Streifen im rechten Winkel über den oberen Streifen knicken.

2 Nun den unten liegenden Streifen im rechten Winkel über den oberen Streifen falten. Auf diese Weise die Streifen abwechselnd übereinanderfalten, bis die Papierstreifen verarbeitet sind. Endstücke festkleben.

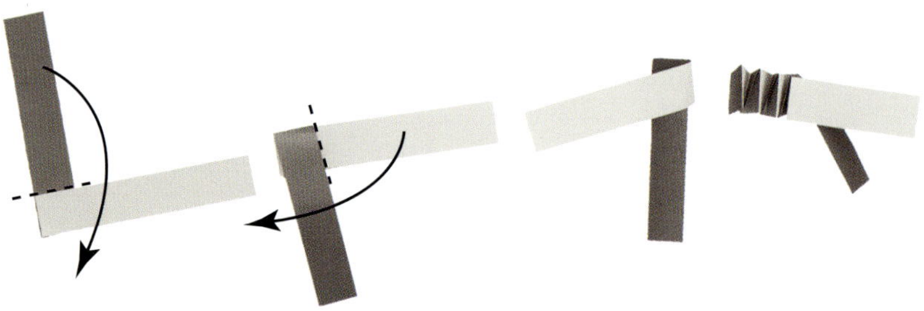

Blumenwiese

Material

Blüten 1, 2, 4, 5 (von links)

- Tonpapier in Gelb, Weiß
- Tonpapier-Faltblätter mit Streifen, 20 x 20 cm
- Tonpapier-Faltblätter mit Pünktchen

Blüten 3 & 6

- Tonpapierstreifen in Gelb, Orange, Blau, 50 x 2 cm

Stängel & Blätter

- Tonpapierstreifen in Grün, 50 x 2 cm
- Runde Faltblätter in Grün, 15 cm Ø, oder quadratische Faltblätter in Grün, 15 x 15 cm

Käfer

- Tonpapier in Schwarz
- Tonpapier-Faltblätter mit Pünktchen, 15 x 15 cm

Schwierigkeitsgrad

*

Anleitung Seite 16/17

Blumenwiese

Abbildung & Materialangaben Seite 14/15

Blüten 1, 2, 4, 5

1 Für die gelben Blüten jeweils einen Streifen aus Tonpapier von 30 x 10 cm schneiden, für die gestreiften Blüten zwei Rechtecke aus Faltpapier von 20 x 10 cm und diese aneinanderkleben.

2 Die schmale Kante beim gelben Papier 2,5 cm, beim gestreiften Papier 1 cm nach oben falten, den Knick mit den Fingern nachfahren. Den Streifen wenden und die neue Kante 2,5 bzw. 1 cm nach oben schlagen usw. (Seite 10).

3 Die Faltung wie eine Ziehharmonika zusammenschieben. Bei der gelben Blüte links die Papierlagen an den Seiten rund schneiden, so ergeben sich die abgerundeten Blütenblätter.

4 Die zusammengeschobene Zickzackfaltung in der Mitte knicken und die sich gegenüberliegenden Seitenstreifen aneinanderkleben (siehe Pfeile). *Tipp:* Büroklammern zur Fixierung verwenden.

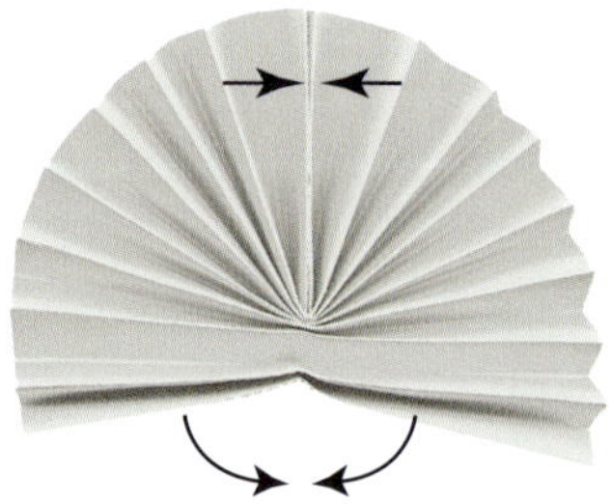

5 Kreise ausschneiden (siehe unten) und als Blütenmittelpunkt auf die Blüte kleben. *Tipp:* Ein kleines Glas als Kreisschablone verwenden.

6 Die Blumenblätter entweder aus einem Faltkreis oder einem Quadrat – an der Ecke beginnend – im Zickzack falten. In der Mitte knicken und an den Stängel (grüner Papierstreifen) kleben. Den Stängel an der Blüte befestigen.

Tipp

Anstelle der gemusterten Faltblätter unifarbene Papiere verwenden und mit Stiften bemalen.

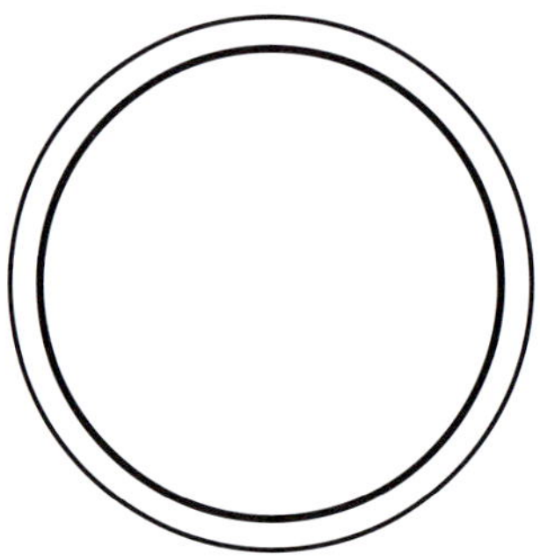

Blüten 3 und 6

1 Die Blüten wie eine „Hexentreppe“ (Seite 12) falten, dabei ein Papierband immer länger überstehen lassen (z. B. 10 cm) und nicht knicken. Das andere nur streifenbreit umschlagen. Streifen bei Bedarf durch Ankleben verlängern.

2 Grüne Papierstreifen als Stängel und und aus Quadraten gefaltete Blumenblätter anbringen.

Käfer

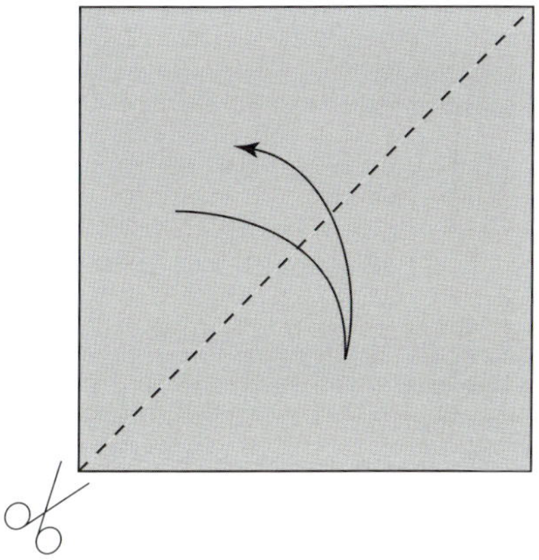

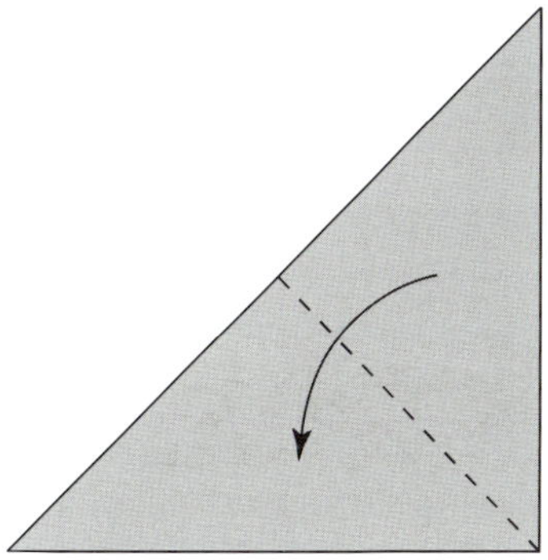

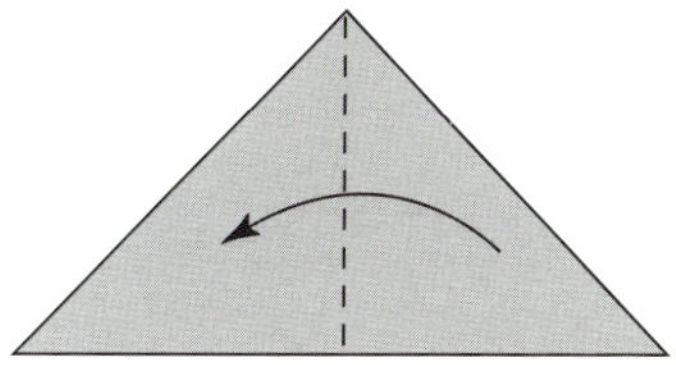

1 Ein Papierquadrat diagonal falten, wieder öffnen und zu zwei Dreiecken schneiden.

2 Eines der Dreiecke mittig falten.

3 Nochmals in der Mitte falten.

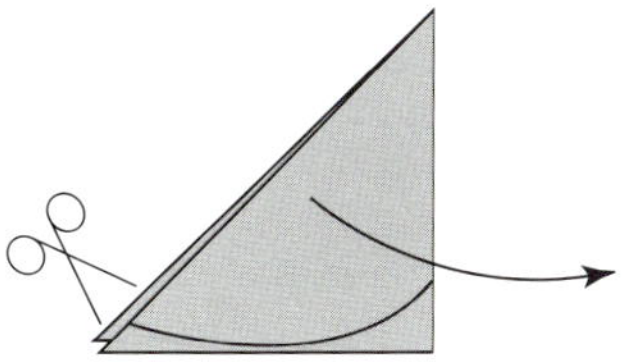

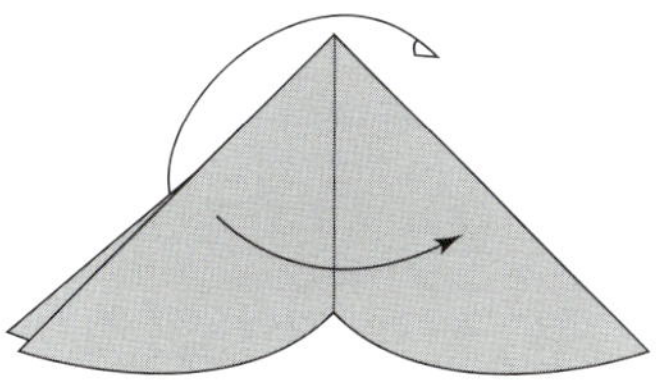

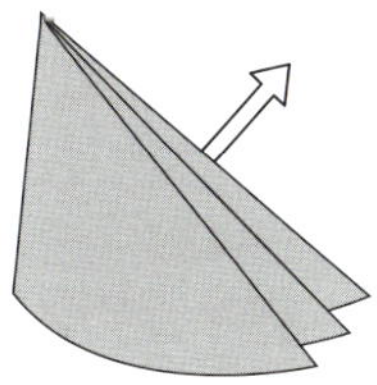

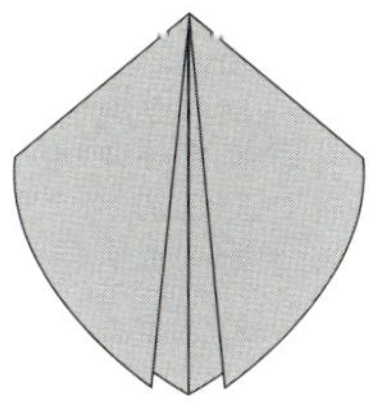

4 Flügelform schneiden und einmal öffnen.

5 Die linken Flügelteile nach rechts klappen.

6 Die rechte Seite nach vorn ziehen.

7 Fertige Flügel.

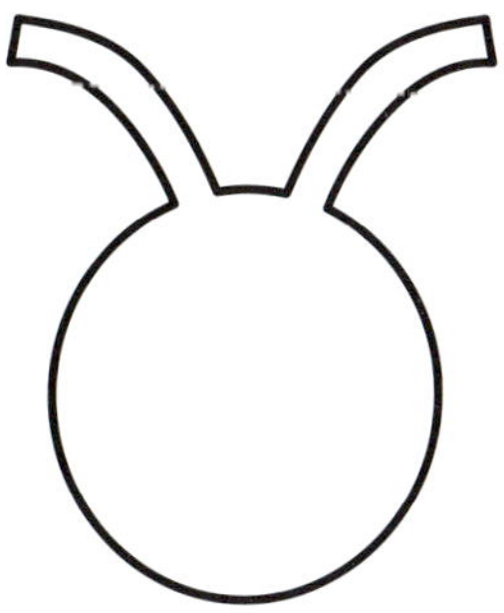

8 Den Kopf nach der Vorlage links aus Tonpapier schneiden und auf die Flügel kleben.

Schmetterlinge

Material

- Strohseide-Faltblätter in Weiß, Gelb, Orange, Rot, Blau, 9,5 x 9,5 cm
- Tonpapierreste in Gelb, Orange, Rot, Hell- und Dunkelblau

Schwierigkeitsgrad

**

Für jeden Schmetterling jeweils zwei Flügel nach der Faltanleitung von Seite 20 falten und überlappend zusammenkleben.
Die Körperform von der Vorlage auf gefaltetes Tonpapier übertragen, ausschneiden und an die Flügel kleben.

Schmetterlinge

Abbildung & Materialangaben Seite 18/19

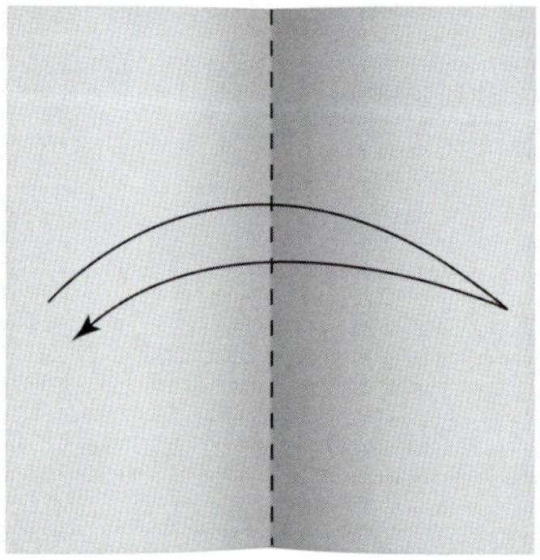

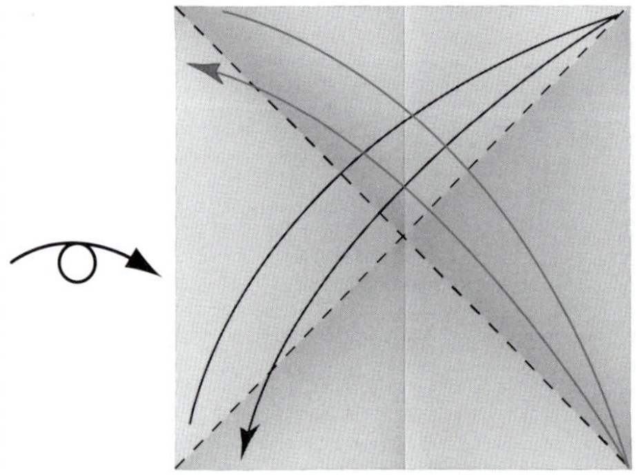

1 Ein Papierquadrat in der Mitte falten und wieder öffnen.

2 Das Papier wenden, jeweils diagonal falten und wieder öffnen.

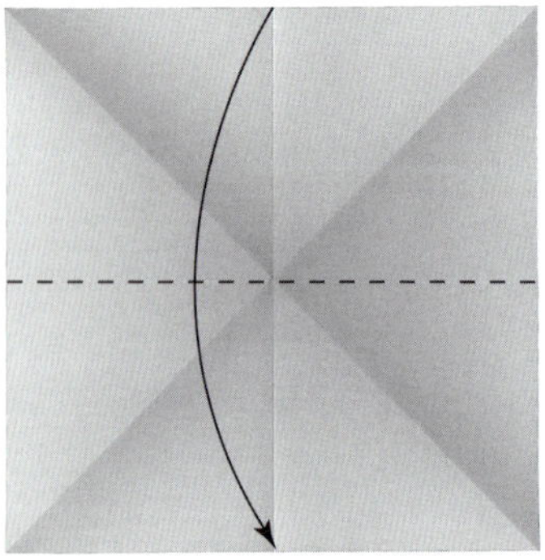

3 Quer falten.

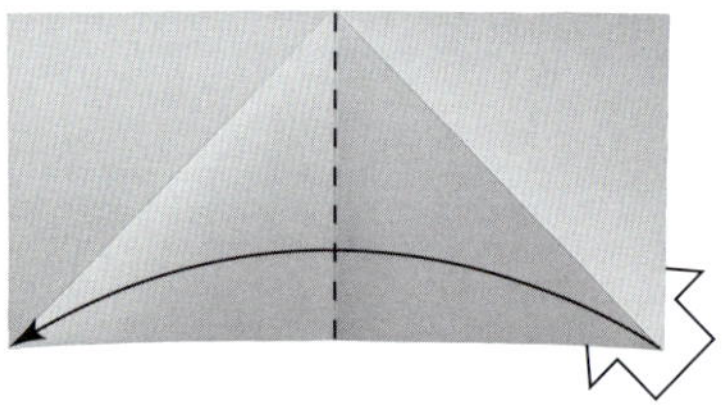

4 Linke Hälfte flach drücken, rechte Ecke anheben und nach links umlegen.

5 Ergebnis von Schritt 4. Faltarbeit wenden.

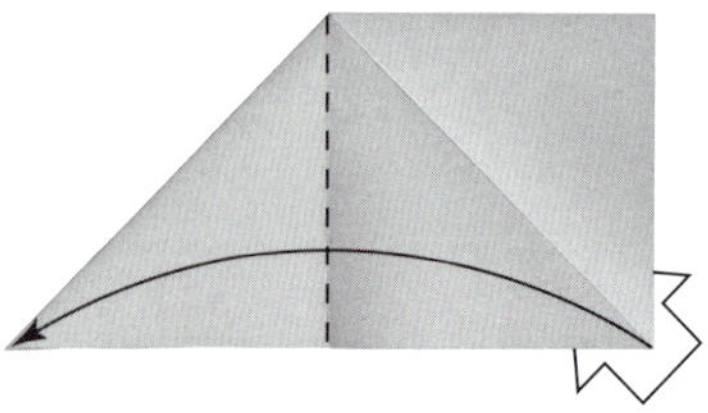

6 Linke Ecke flach drücken, rechte Ecke anheben und nach links umlegen.

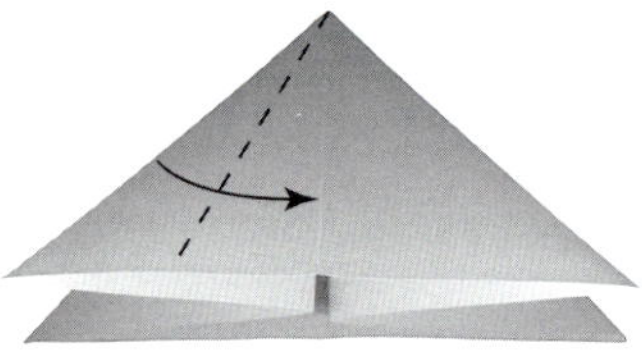

7 Nur die oberen Papierlagen falten.

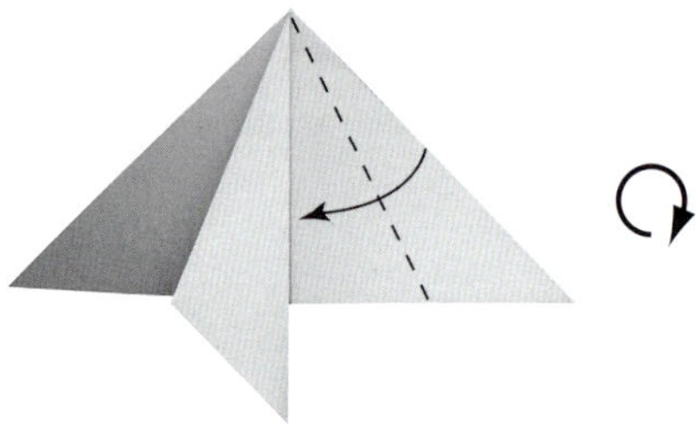

8 Nur die oberen Papierlagen falten und danach die Faltarbeit drehen.

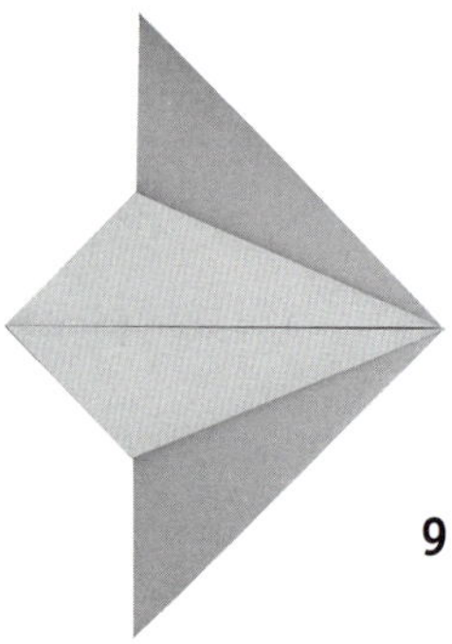

9 Fertiger Flügel. Einen zweiten anfertigen.

10 Die Körperform von der Vorlage auf gefaltetes Tonpapier übertragen, ausschneiden und an die Flügel kleben.

Osterhasen

Abbildung & Materialangaben Seite 22/23

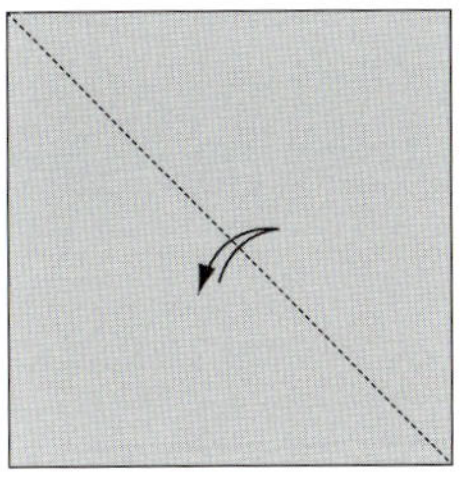

1 Ein Papierquadrat diagonal falten und wieder öffnen.

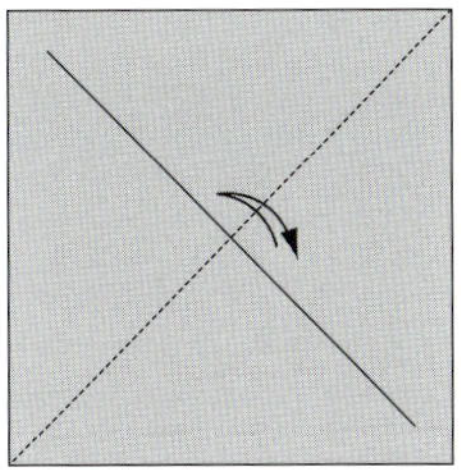

2 Die zweite Diagonale falten und wieder öffnen.

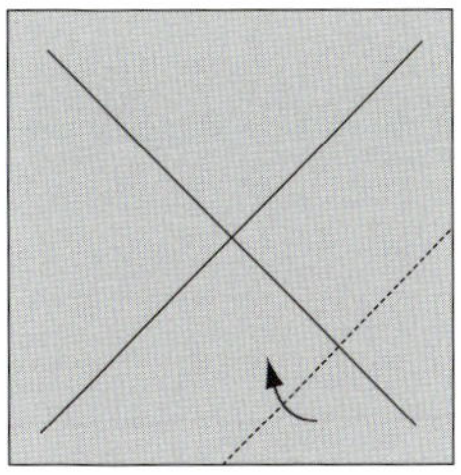

3 Ecke zum Mittelpunkt falten.

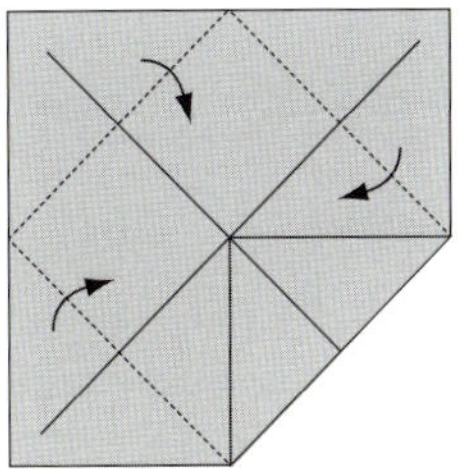

4 An allen Ecken wiederholen.

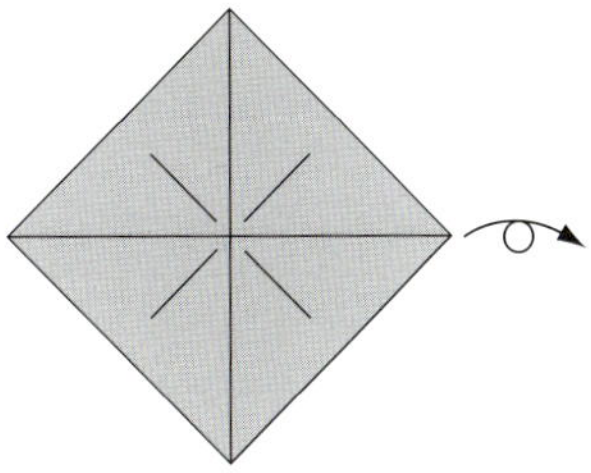

5 Ergebnis von Schritt 4. Die Faltarbeit wenden.

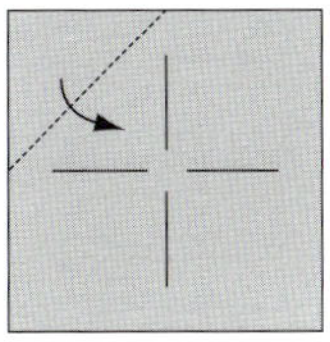

6 Linke obere Ecke zum Mittelpunkt falten.

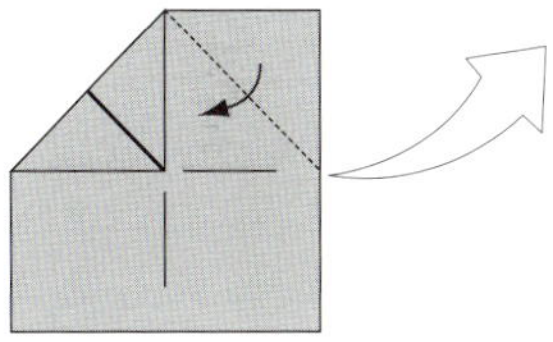

7 Rechte obere Ecke zum Mittelpunkt falten.

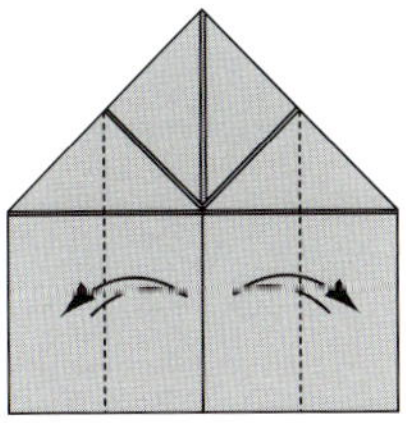

8 Beide Seiten zur Mitte falten und öffnen.

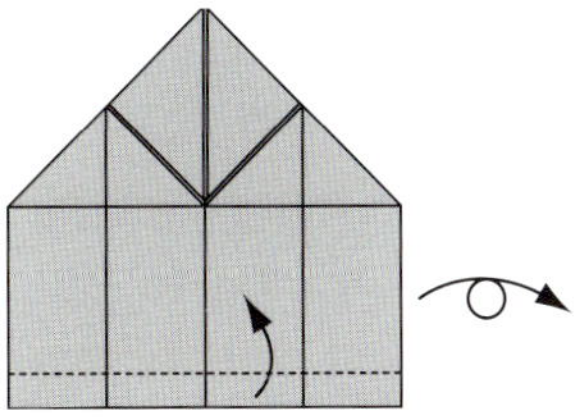

9 Untere Kante nach oben umschlagen. Wenden.

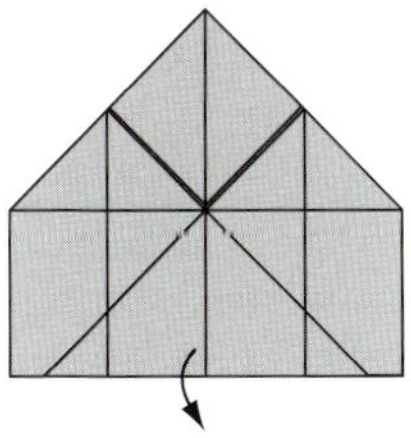

10 Untere Ecke öffnen.

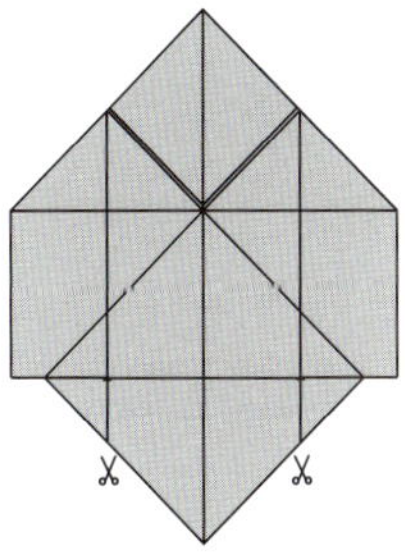

11 Bis zur Bruchkante einschneiden.

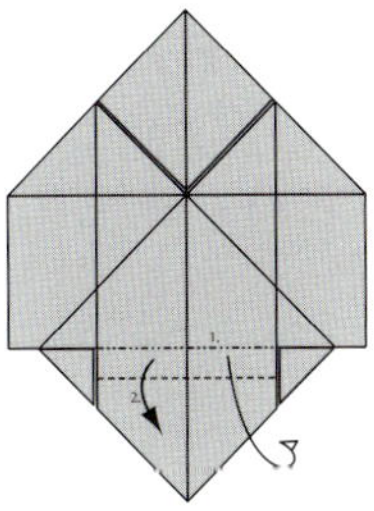

12 Die Lasche an der Kante nach hinten falten und nach kurzem Abstand wieder nach vorn.

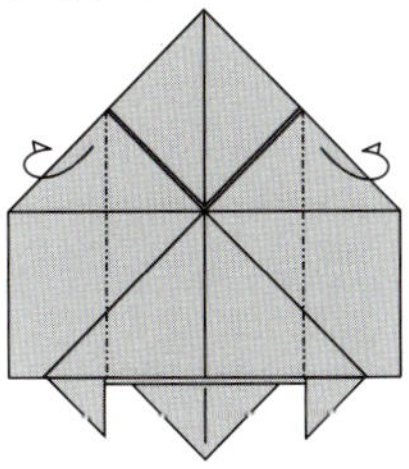

13 Beide Seiten nach hinten falten.

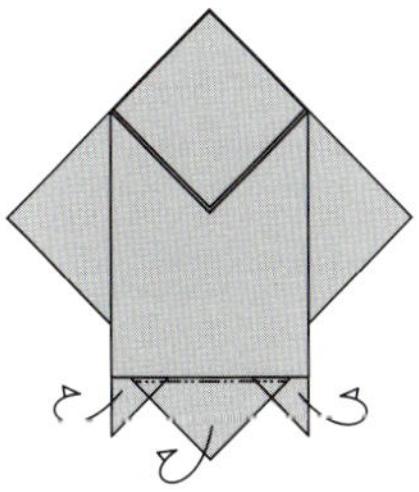

14 Standflächen nach hinten falten. Körper wenden und den Kopf ankleben.

Osterhasen

Material

Für alle Figuren
- Bunte Papierreste
- Buntstift in Weiß
- Lackstift in Weiß
- Filzstift in Schwarz
- Bürolocher
- Wellenschere

Große Hasen
- Origami-Faltpapier in Braun, 15 x 15 cm
- Tonpapier in Hellbraun, 15 x 15 cm
- Wackelaugen, oval oder rund, 7 mm Ø

Kleiner Hase
- Origami-Faltpapier in Gelb-Braun, zweiseitig bedruckt, 12 x 12 cm

Schwierigkeitsgrad
***

Vorlage 4, Seite 66

Die Hasen nach der Anleitung auf Seite 21 falten. Für die Verzierung der Eier Quadrate schneiden und Streifen mit der Wellenschere ausschneiden, Punkte mit dem Bürolocher ausstanzen.

Familie Huhn

Material

Hahn

- Tonkarton in Hautfarbe, Gelb, Orange, Rot, Hellgrün, Blau
- Filzstifte in Gelb, Rot, Schwarz

Huhn

- Tonkarton in Hautfarbe, Orange
- Filzstifte in Gelb, Rot, Schwarz

Küken

- Tonkarton in Orange, Rot
- Filzstifte in Rot, Schwarz

Schwierigkeitsgrade

Hahn & Henne

***

Küken

**

Vorlagen 5, 6, Seite 67

Anleitung Seite 26

Familie Huhn

Abbildung & Materialangaben Seite 24/25

1 Zu Beginn jeder Figur die Motivvorlage mit einer Schablone von der Vorlage (Seite 67) auf Tonkarton übertragen. Dazu Transparentpapier oder einfaches Butterbrotpapier auf die Vorlage legen und das Motiv mit einem Bleistift abpausen. Dann die Transparentpapierteile auf Karton oder kräftiges Papier kleben und exakt ausschneiden.

2 Diese Schablone auf den Tonkarton legen und an den Umrissen sorgfältig mit Bleistift umfahren. An den Linien ausschneiden.

3 Nun die Figuren falten und kleben. Zum Falten den Tonkarton mit dem ausgeschnittenen Motiv auf eine feste, glatte Fläche legen. Talfalten nach vorn, Bergfalten nach hinten falten. An der zu faltenden Linie ein Lineal anlegen, die Faltlinie mit einer Prickelnadel oder einer Stricknadel nachziehen und den Tonkarton anschließend in die gewünschte Richtung falten.

4 Ist die Grundform fertig gefaltet, die Figur an den Klebelaschen zusammenkleben.

5 Flügel und Kopfteile separat ausschneiden und beidseitig aufkleben. Die bunten Schwanzfedern des Hahns mit dem abgerundeten Ende über einen Bleistift ziehen und fixieren.

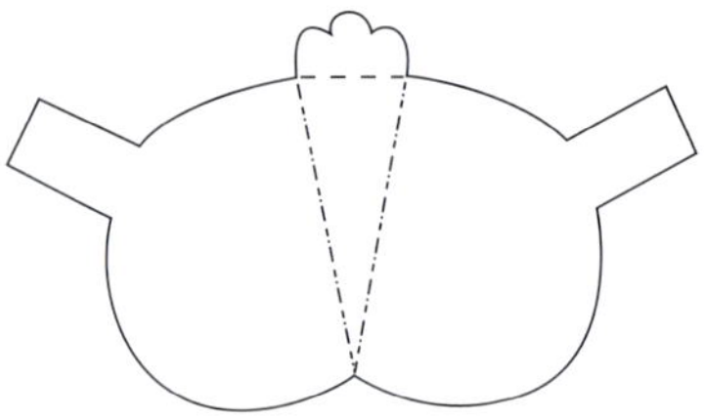

Hinweis

Bei dieser Basteltechnik werden die Grundformen der Tiermotive nach der Vorlage aus Tonkarton ausgeschnitten, gefaltet und zusammengeklebt. Anschließend werden sie mit Filzstiften bunt bemalt oder mit ausgeschnittenen Detailformen aus Papier beklebt.

Piratenschiffe

Abbildung & Materialangaben Seite 28/29

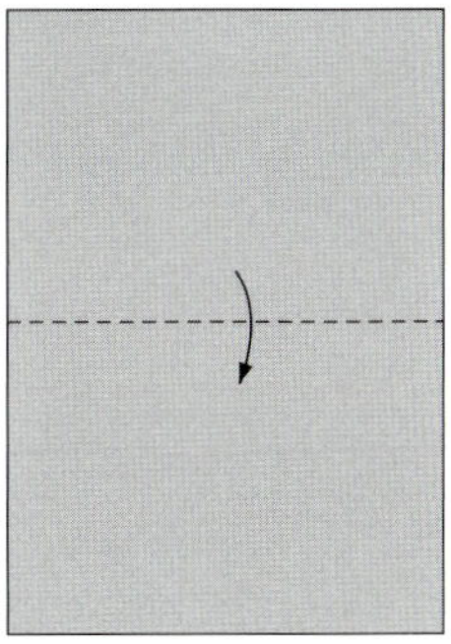

1 Ein rechteckiges Blatt Papier (DIN A4) quer in der Mitte falten.

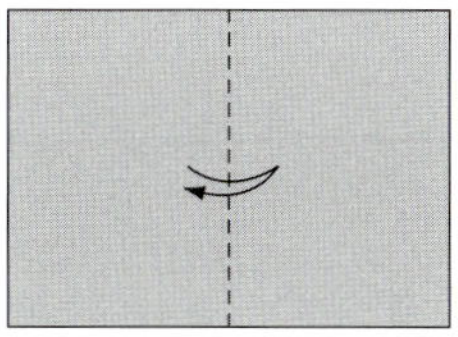

2 Senkrecht entlang der Mittellinie falten und öffnen.

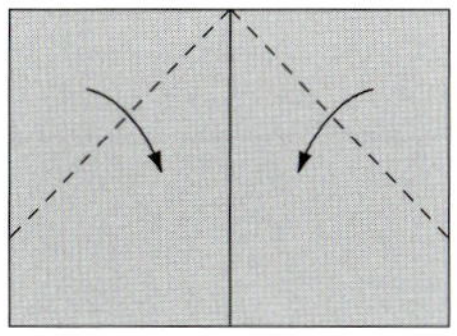

3 Beide Ecken zur Mittellinie falten.

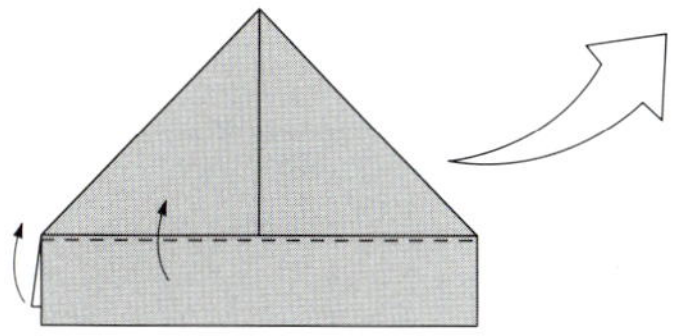

4 Das überstehende Papier auf Vorder- und Rückseite nach oben falten.

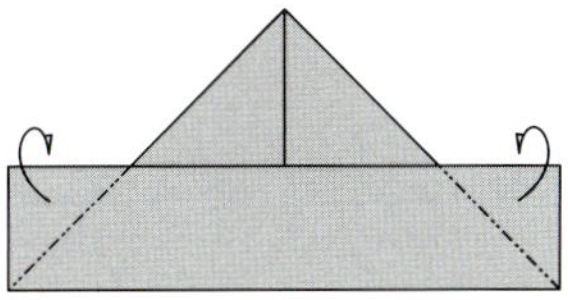

5 Die Ecken nach rechts und links nach hinten umklappen.

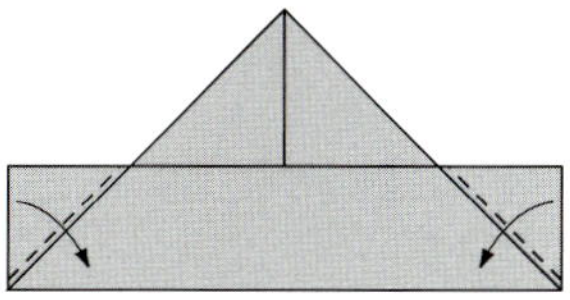

6 Die hinteren Ecken nach vorn umklappen.

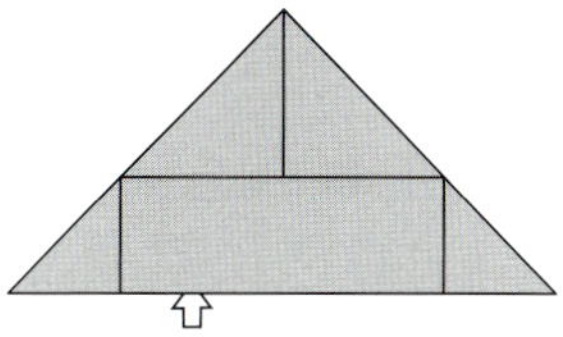

7 Unten öffnen und die Form auseinanderziehen.

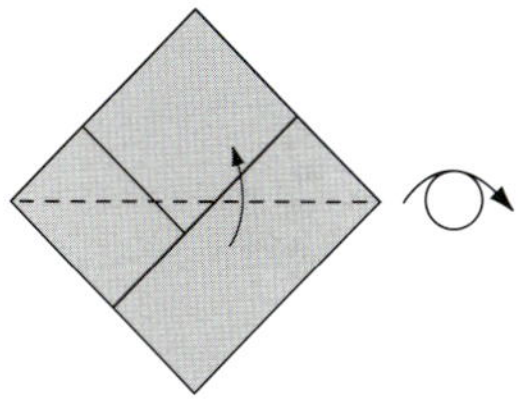

8 So zusammenklappen, dass die Spitzen aufeinanderliegen. Untere Spitze nach oben falten.

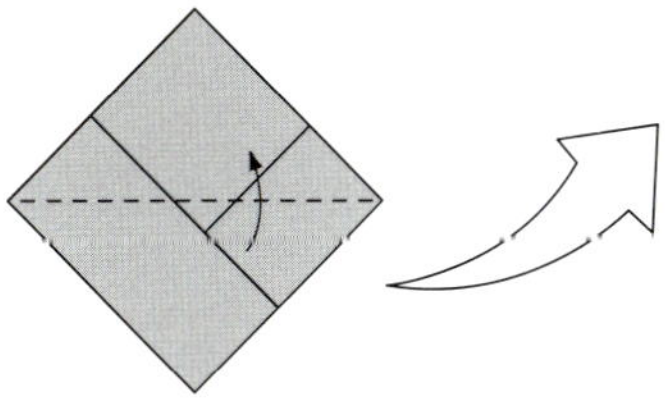

9 Wenden und auch hier die untere Spitze nach oben falten.

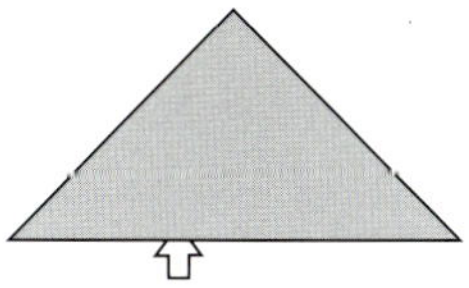

10 Unten öffnen und die Form auseinanderziehen.

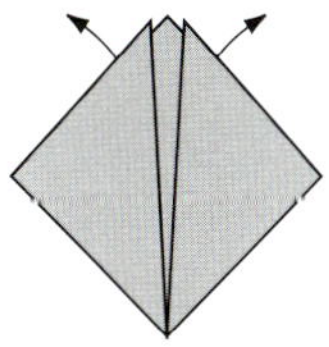

11 An den Spitzen auseinanderziehen.

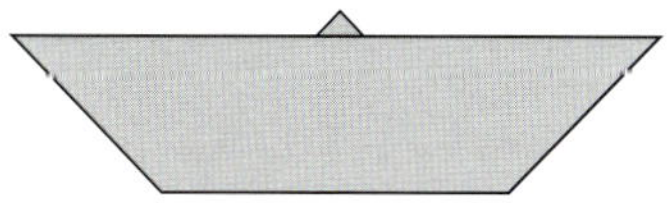

12 Fertiges Schiffchen.

13 Segel, Flagge und Anker nach Vorlage 7 ausschneiden. Planken, Bullaugen und das Streifenmuster der Segel mit Buntstiften, den Totenkopf mit einem Lackstift aufmalen. Das Schiff an der Standfläche leicht auseinanderdrücken. Als Segelmast ein bemaltes Schaschlikstäbchen mit dem spitzen Ende ins Schiff einstecken. In Segel und Flagge Löcher einstanzen und nacheinander auf das Stäbchen schieben. Den Anker fixieren.

Piratenschiffe

Material

- Tonpapier in Braun, DN A4
- Tonpapier in Weiß, Schwarz
- Schaschlikstäbchen
- Buntstifte in Grün, Rot, Braun, Schwarz
- Lackstift in Weiß
- Lochzange

Schwierigkeitsgrad

***

Vorlage 7, Seite 68

Anleitung Seite 27

Bunte Flieger

Material

- Regenbogen-Transparentpapier, 115 g/qm
- Kopierpapier in Weiß, 80 g/qm
- Buntpapierreste
- Filzstifte

Schwierigkeitsgrad

***

Tipp

Starts gelingen meist dann, wenn der Flieger geradlinig nach vorn geworfen wird, leicht schräg nach unten gerichtet. Auf keinen Fall dem Bewegungsmechanismus des eigenen Armes folgen, da sonst eine bogenförmige Abwurflinie entsteht, die den Flieger schnell zum Absturz bringt. Ausprobieren führt am schnellsten zum Erfolg.

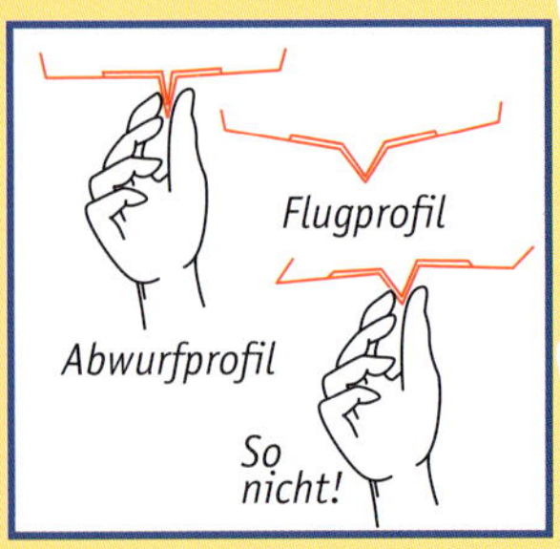

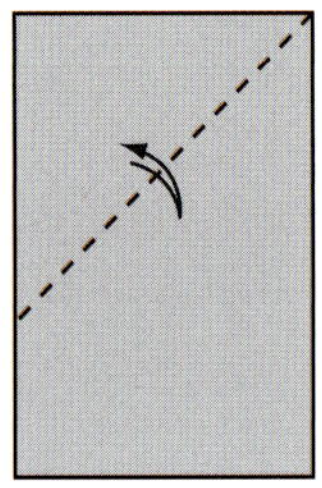

1 Die linke Ecke über die gezeigte Linie falten und zurück.

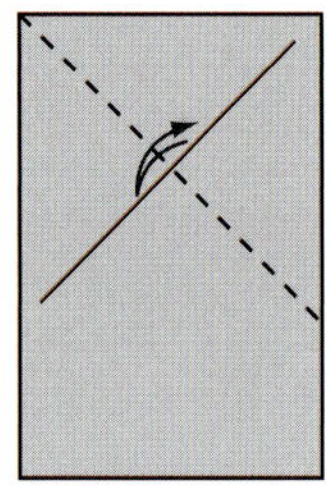

2 Ebenso die rechte Ecke.

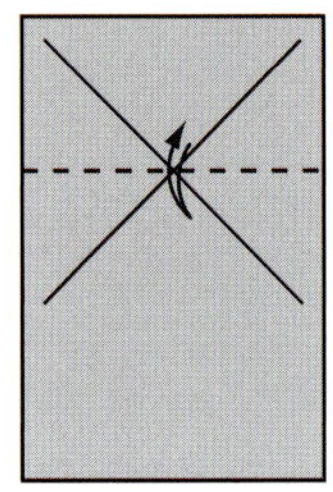

3 Den oberen Teil über den Schnittpunkt nach unten falten und zurück.

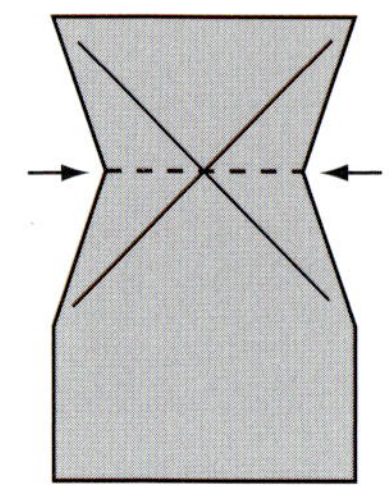

4 Beidseitig die Außenkante zur Mitte drücken.

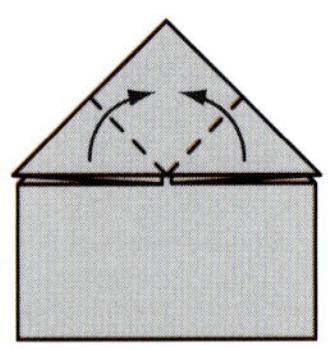

5 Linke und rechte Spitze zur Mitte hin falten.

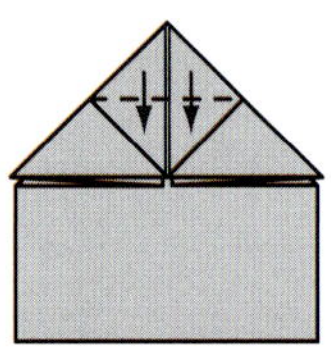

6 Die Nase nach unten falten.

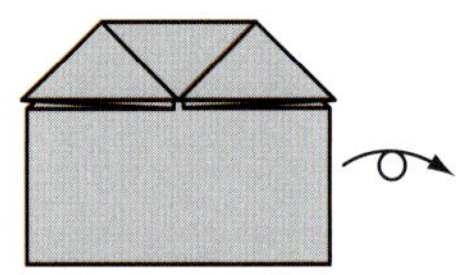

7 Das gefaltete Blatt wenden.

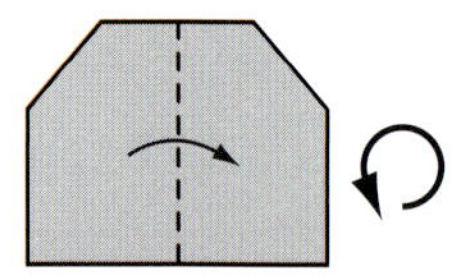

8 Den linken Flügel auf den rechten Flügel falten und um 90° drehen.

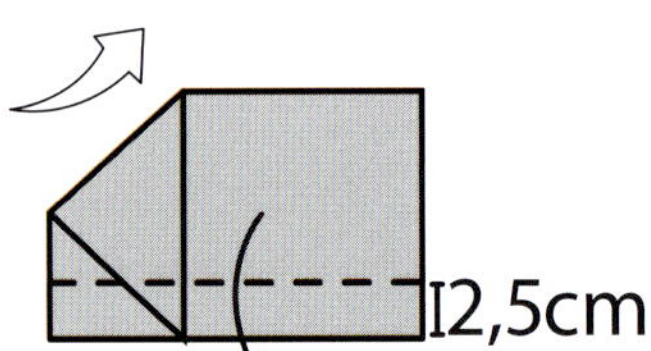

9 Von der Seite sieht der Flieger so aus. Die oberen Hälften beider Flügel nach unten falten.

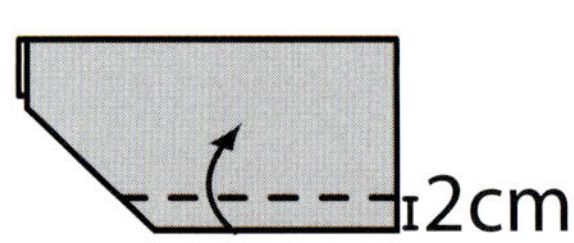

10 An beiden Flügeln außen die Seitenstabilisatoren hoch falten.

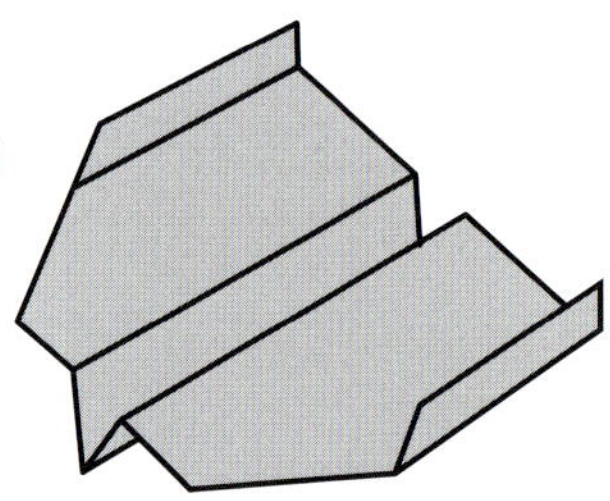

11 So sieht der Flieger im Abwurfprofil aus.

Krokodil

Material

- Kopierpapier in Weiß, 80 g/qm
- Naturpapier „Earth crack" in Azurblau, 100 g/qm
- Universalpapier in Grün, 100 g/qm
- Buntstifte in Weiß, Grün
- Filzstift in Grün
- Wackelaugen, 5 mm Ø
- Klebefilm

Schwierigkeitsgrad

***

Vorlage 8, Seite 68

Tipp

„Grüne Seetangflecken" mit Stiften auf die Tragflächen malen. An mehreren Stellen verschiedene Grüntöne übereinanderschraffieren.

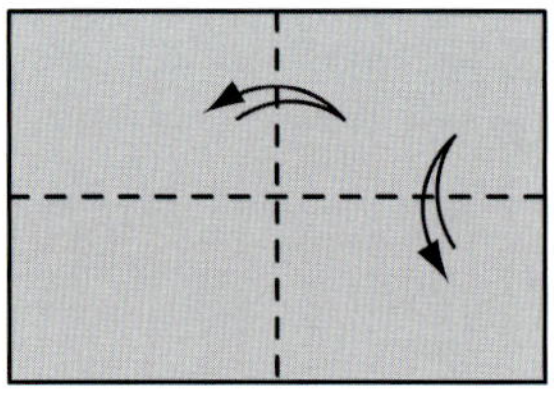

1 Jeweils Quer- und Längsseite in der Mitte falten und wieder öffnen.

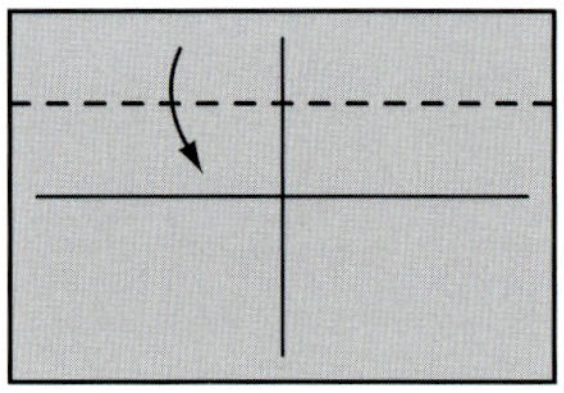

2 Die obere Blattkante zur Mittellinie falten.

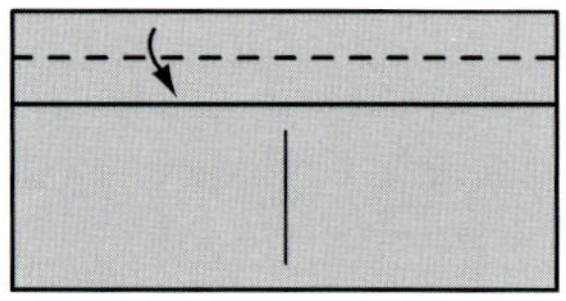

3 Die neue obere Blattkante zur Mitte falten.

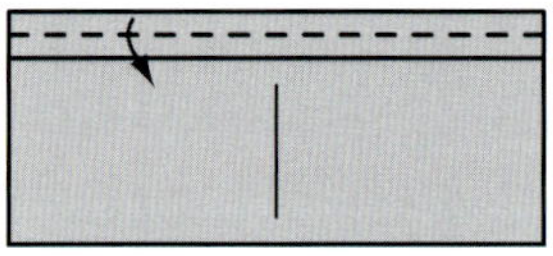

4 Die obere Blattkante noch einmal zur Mittellinie falten.

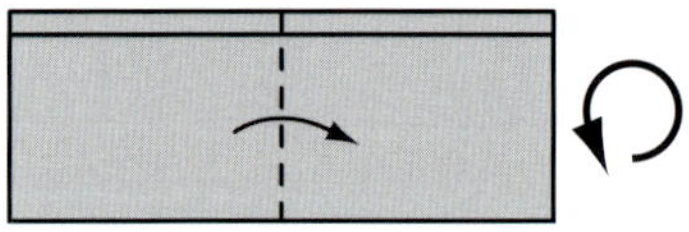

5 Die Hälften exakt aufeinanderfalten. Um 90° drehen.

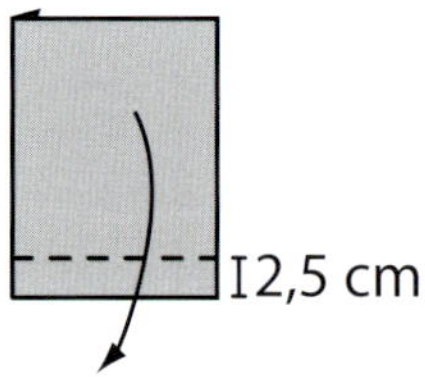

6 Beide Flügel jeweils an der Faltlinie nach unten klappen.

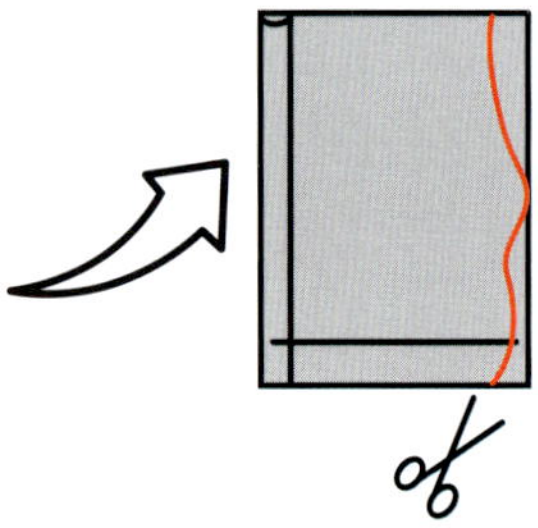

7 Die Flügel wieder nach oben klappen und am Heck nach der Vorlage Bögen einschneiden.

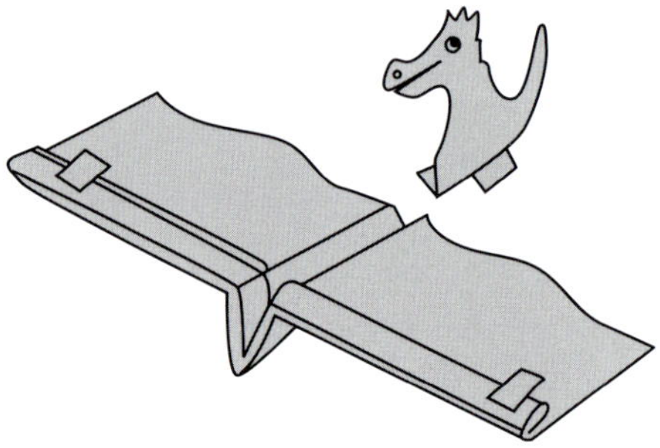

8 Die gefaltete Blattkante mit Klebefilm auf beiden Seiten an den Tragflächen fixieren. Das Krokodil nach der Vorlage ausschneiden. Kopf und Konturen mit einem Filzstift aufmalen und Wackelaugen aufkleben. Die Klebeflächen am Krokodil schräg nach oben falten, auf der Unterseite mit Klebstoff bestreichen und dann kurz hinter der vorderen Faltung in die V-Falte kleben.

Fangbecher

Material

- Tonpapier mit kleinen Mustern
- Fotokarton in Orange, Rot
- 2 Holzperlen, 1,5 cm Ø
- Wollrest
- Filzstift in Schwarz
- Buntstifte in Orange, Rot
- Biegeplüsch
- Suppenteller

Schwierigkeitsgrad

**

Vorlage 9, Seite 69

1 Einen Suppenteller auf die Rückseite des gemusterten Papiers legen und mit Bleistift umfahren. Den Kreis ausschneiden, zur Hälfte falten und entlang der Faltlinie in zwei Halbkreise schneiden. Aus diesen Halbkreisen die Tüten wie unten gezeigt falten und zusammenkleben.

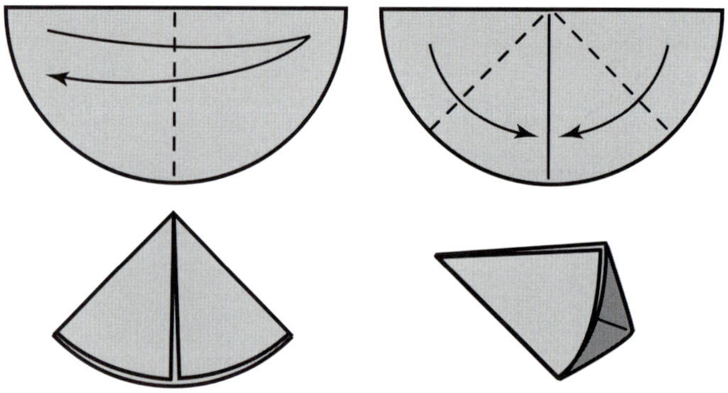

2 Vom Wollrest 40 cm abschneiden. Mit spitzer Schere unten in die Tüte ein Loch stechen und den Faden durchziehen. An beide Enden eine Perle binden, den Faden dann ganz nach unten ziehen, sodass eine Perle unten im Becher sitzt.

3 Das Gesicht von Vorlage 9 auf Fotokarton übertragen und ausschneiden oder einfach frei aufmalen (7 cm Ø). Die Augen und die Nase farbig anmalen. Die Nase im unteren Bereich u-förmig einschneiden. Für das Wangenrot mit der Schere einige Farbpartikel von den Buntstiften abschaben und auftragen. Die Haare gestalten: von hinten schmale Papierstreifen ankleben oder ein Loch stanzen und ein Stückchen Biegeplüsch anbringen. Die Haare können aber auch einfach aufgemalt werden.

4 Klebstoff unterhalb der Nase anbringen und die Falttüte von hinten gegen die Nase kleben, sodass die Nase ins Tüteninnere ragt. Für die runden blauen Händchen, die rechts und links im Inneren der Tüte sichtbar sind, einen Kreis, 2,5 cm Ø, aus Fotokarton schneiden, zur Hälfte falten und auseinanderschneiden. Jede Hälfte zu einem Viertelkreis falten und an die Tüte kleben.

Ungeheuer

Material

Für beide Motive

- Tonpapier in Weiß, Rot
- Krepppapier in verschiedenen Farben
- Wackelaugen, rund, 20 mm Ø
- Deko-Federn in Rot
- Pompons in verschiedenen Farben, 7 mm Ø

Ungeheuer in Orange

- Tonpapier in Orange
- Pompon in Braun, 20 mm Ø

Ungeheuer in Gelb

- Tonpapier in Gelb
- Pompon in Rot, 20 mm Ø

Schwierigkeitsgrad

**

Vorlage 10, Seite 69

Tipp

Die Ungeheuer eignen sich zum Spielen oder mit einem Aufhängefaden versehen als Raumdekoration.

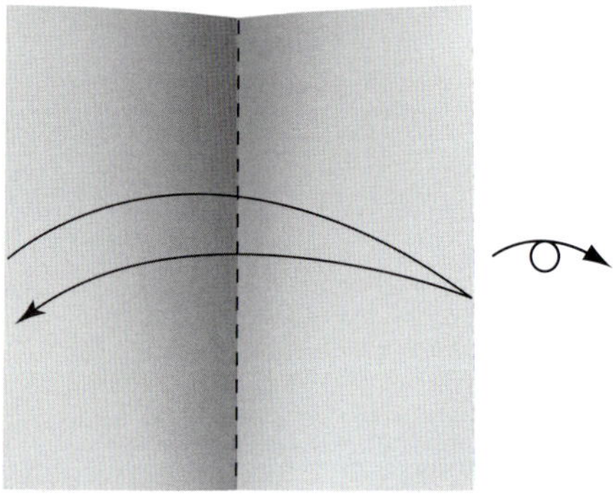

1 Für jedes Ungeheuer ein Quadrat aus Tonpapier, 17 x 17 cm, mittig falten, wieder öffnen und wenden.

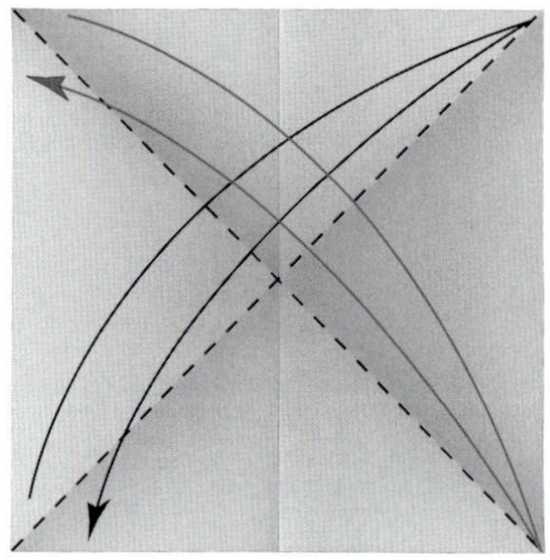

2 Das Quadrat jeweils diagonal falten und wieder öffnen.

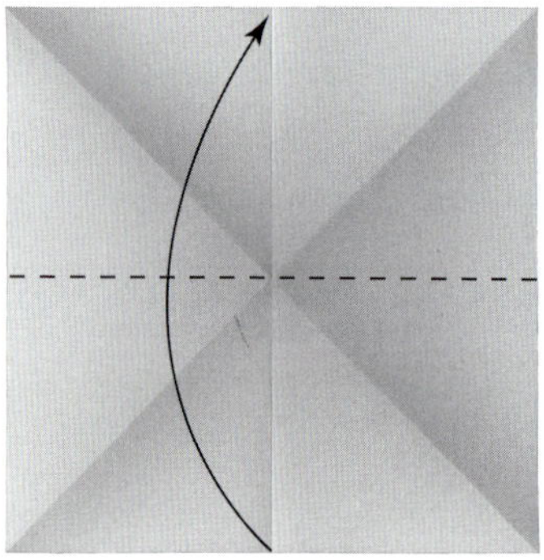

3 Die untere Blattkante über die Mittellinie nach oben falten.

4 Ergebnis von Schritt 3.

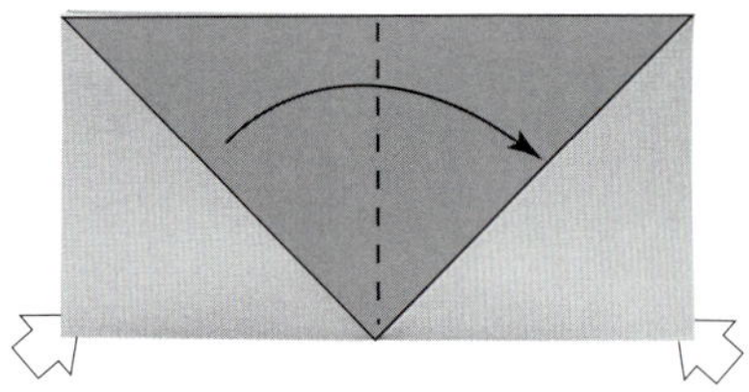

5 Die markierte Fläche zusammenkleben.

6 Zunge und Zähne nach Vorlage 10 anfertigen und an den Kopf kleben. Wackelaugen, Zunge, einen großen Pompon als Nase und kleine Pompons zur Verzierung anbringen. Krepppapierstreifen an die Kopfunterseite kleben.

Raupen

Material

Für beide Motive

- Origami-Faltpapier in Gelb, Orange, Rot, Hellgrün, einseitig bedruckt, 13 x 13 cm
- Ton- oder Kopierpapier in Gelb, Orange, Rot
- Klebepunkte in Schwarz, 8 mm Ø
- Gel- oder Korrekturstift in Weiß

Schwierigkeitsgrad

****

Vorlage 11, Seite 69

Für jede Raupe aus Faltpapier fünf bis sechs Himmel-und-Hölle-Figuren nach der Anleitung von Seite 48 falten. Die Teile so zusammenkleben, dass immer eine Zacke des hinteren Teils über eine Zacke des nächsten Teils gestülpt wird. Den Kopf nach der Vorlage ausschneiden und der Abbildung entsprechend ausgestalten. Für die Fühler zwei Hexentreppen (Seite 12) aus schmalen Papierstreifen falten und an der Rückseite des Kopfes ankleben.

Kleine Tüten

Material

Geschenktüten

- Strohseide-Faltblätter, 19,5 x 19,5 cm
- Geschenkband, 4 mm breit

Kleine Taschen

- Origami-Faltblätter, einseitig bedruckt, 19 x 19 cm
- Dünne Silberkordel
- Stopfnadel

Schwierigkeitsgrad

***

Anleitung Seite 42/43

Kleine Tüten

Abbildung & Materialangaben Seite 40/41

Geschenktüten (auf Seite 40 abgebildet) und Täschchen (Seite 41) werden bis Schritt 5 gleich gefaltet.

1 Die Rückseite des Quadrats sollte oben liegen.

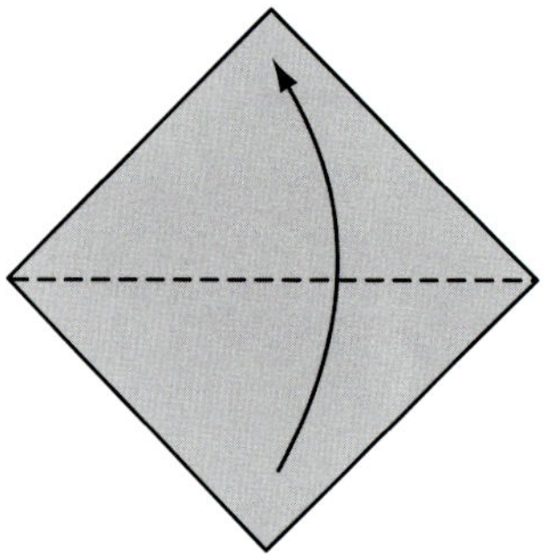

2 Die untere Spitze nach oben falten.

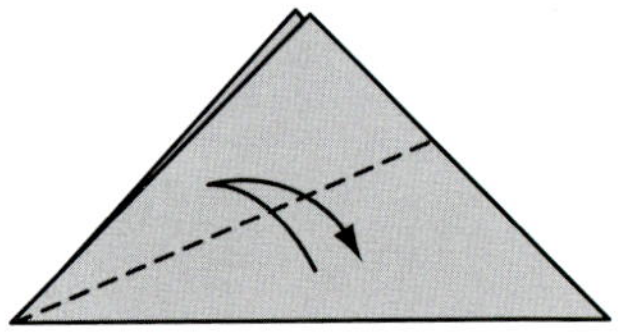

3 Nur die oben liegende Ecke nach unten falten und wieder zurück.

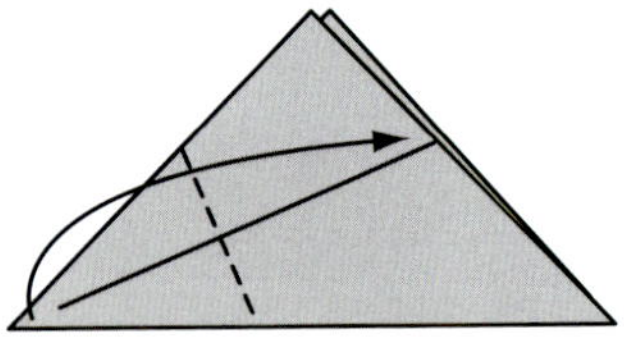

4 Linke Ecke über die gezeigte Linie nach rechts falten.

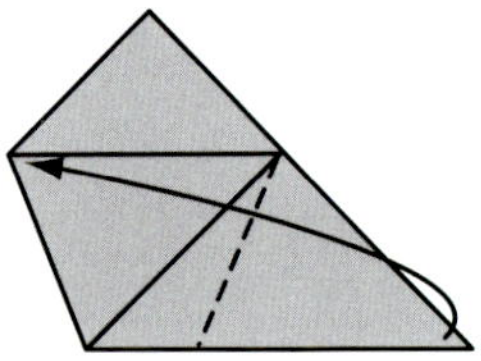

5 Die rechte Ecke über die gezeigte Linie nach links falten.

Geschenktüte

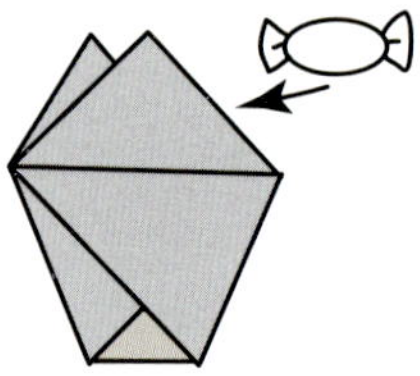

6 Kleine Geschenke in die Tüte geben.

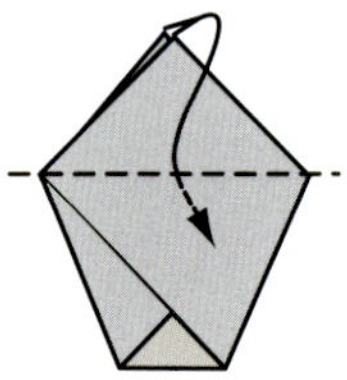

7 Beide Ecken vorn einstecken ...

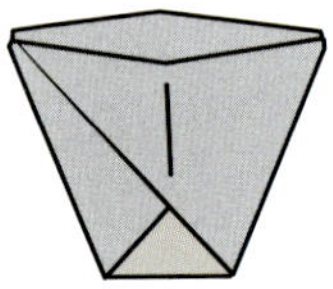

8 ... und die Tüte ist verschlossen.

Kleine Tasche

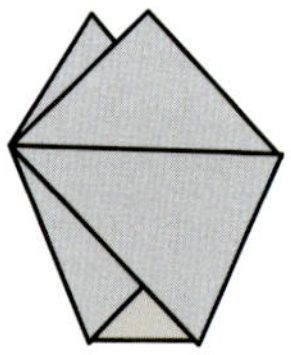

6 Ergebnis von Schritt 5.

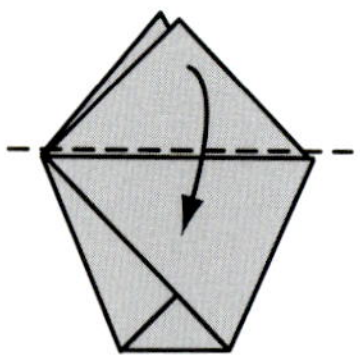

7 Oben liegende Ecke nach unten falten.

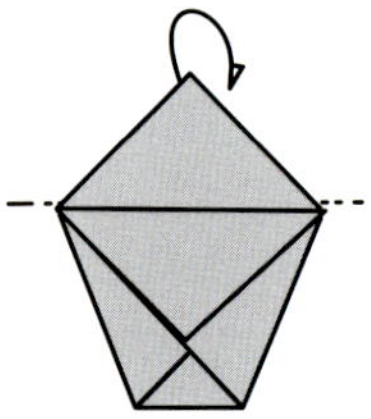

8 Hinten liegende Ecke nach unten falten.

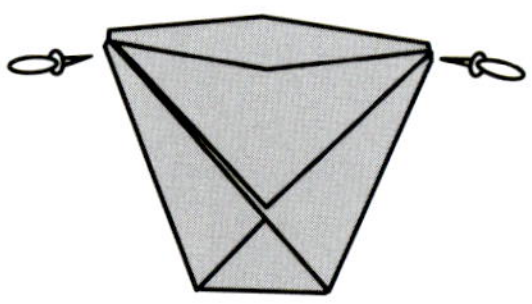

9 An beiden Seiten Löcher stechen.

10 Kordel einziehen und verknoten.

Bunter Drache

Abbildung & Materialangaben Seite 44/45

Kopf

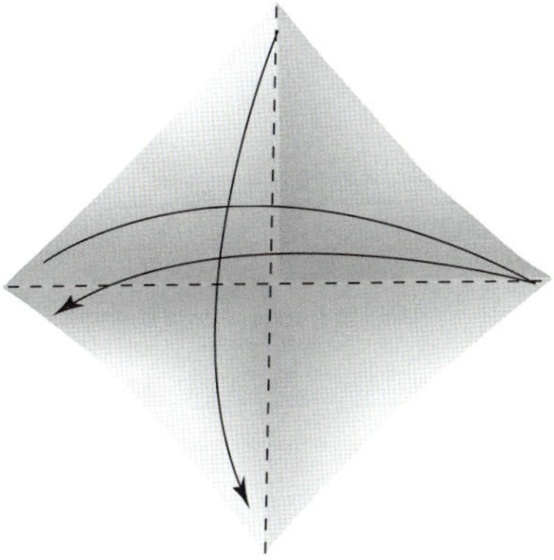

1 Ein Quadrat, 20 x 20 cm, einmal diagonal falten und wieder öffnen. Über die zweite Diagonale falten.

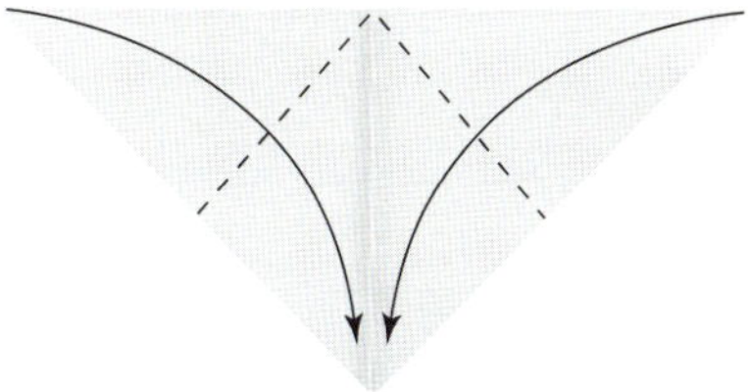

2 Die beiden gegenüberliegenden Ecken nach unten zur Mitte klappen …

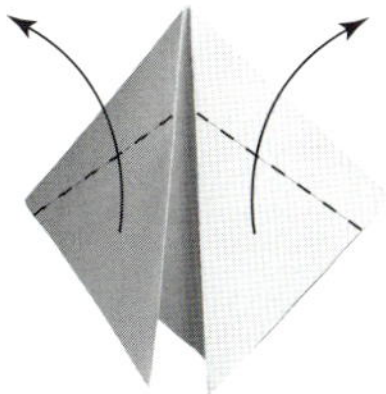

3 … und dann schräg nach oben: Das sind die Ohren.

4 Die Kopfspitze nach unten falten.

5 Das Ergebnis von Schritt 4 wenden.

6 Augen anbringen und eine nach Vorlage geschnittene Zunge einkleben.

Körper

Zwei Streifen von 49 x 6 cm zuschneiden und aneinanderkleben. Nach der Zeichnung von Seite 70 eine spitz zulaufende Form (68 x 6 cm) schneiden. Die entstandenen beiden Streifen nach der Anleitung von Seite 12 wie eine Hexentreppe falten.

Dreieckige Zacken nach der Vorlage ausschneiden und der Abbildung entsprechend in die Taschen der Hexentreppe einkleben.

Bunter Drache

Material

- Regenbogen-Buntpapier
- Tonpapierrest in Rot
- Wackelaugen, 12 mm Ø

Schwierigkeitsgrad

**

Vorlage 12, Seite 70

Anleitung Seite 43

Käuzchen

Material

- Tonpapier in Beige, Braun
- Tonpapierrest in Gelb oder Orange
- Eventuell Federn in Braun
- Wackelaugen, 5 mm Ø
- Aufhängefaden

Schwierigkeitsgrad

*

Vorlagen 13, 14, Seiten 70/71

1 Die Umrisse der Käuzchen von der Vorlage auf braunes oder beigefarbenes Tonpapier übertragen und ausschneiden. Die Schnäbel aus gelben oder orangefarbenen Tonpapierresten schneiden.

2 Beide Flügel wie auf der Vorlage eingezeichnet ziehharmonikartig falten.

3 Wackelaugen und Schnäbel aufkleben. Die Käuzchen nach Belieben mit Federn bekleben und zuletzt einen Aufhängefaden anbringen.

Tipp

Mit dieser Vogel-Grundform lassen sich auch lustig bunte Vögel basteln. Einfach farbiges Tonpapier und farbige Federn verwenden. Anstelle der echten Federn können auch gerissene, schmale Papierstreifen aufgeklebt werden. Die Streifen vorsichtig über eine Scherenkante ziehen, damit sie sich leicht rollen.

Igelfamilie

Material

- Quadratische Faltblätter in Hell-, Dunkel- und Rotbraun, 15 x 15 cm bzw. 4 x 4 cm
- Tonpapier in Grau
- Marmoriertes Papier in Beige
- Klebepunkte in Schwarz, Weiß oder Filzstift in Schwarz, Lackstift in Weiß

Schwierigkeitsgrad

****

Vorlagen 15 – 17, Seite 72

1 Für einen großen Igel vier oder fünf Himmel-und-Hölle-Elemente aus Papierquadraten, 15 x 15 cm, falten. Für einen kleinen Igel drei Elemente aus Faltpapier, 4 x 4 cm, falten.

2 Die Elemente erst an zwei Seitenflächen zusammenkleben und dann so aneinanderfügen, dass sich eine halbkugelähnliche Form ergibt.

3 Den Kopf ausschneiden und zusammenkleben. Klebepunkte als Augen und Nase anbringen. Kopf und Körper aneinanderkleben.

Himmel und Hölle

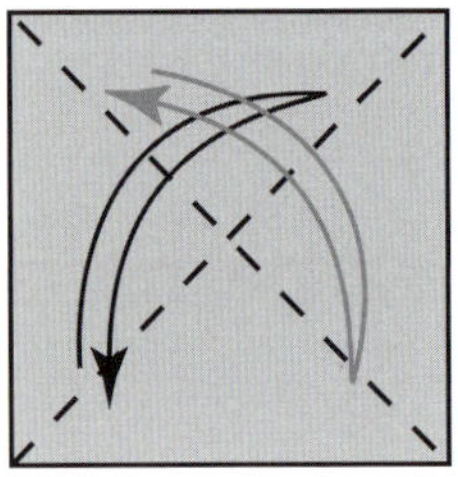

1 Die Diagonalen falten, wieder öffnen.

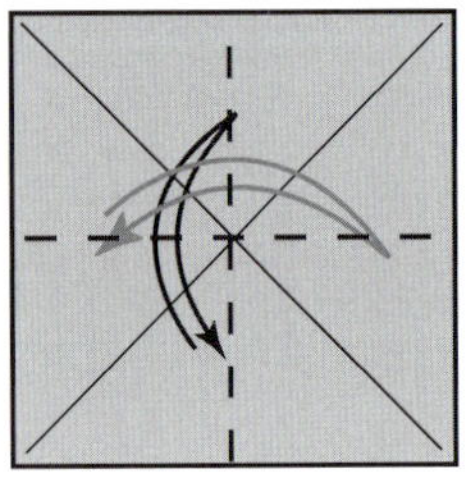

2 Mittellinien falten und wieder öffnen.

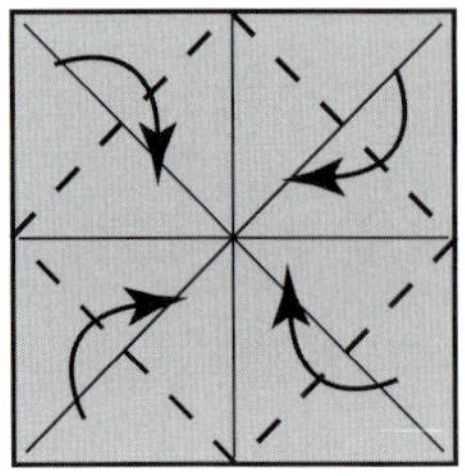

3 Alle Ecken zur Mitte falten.

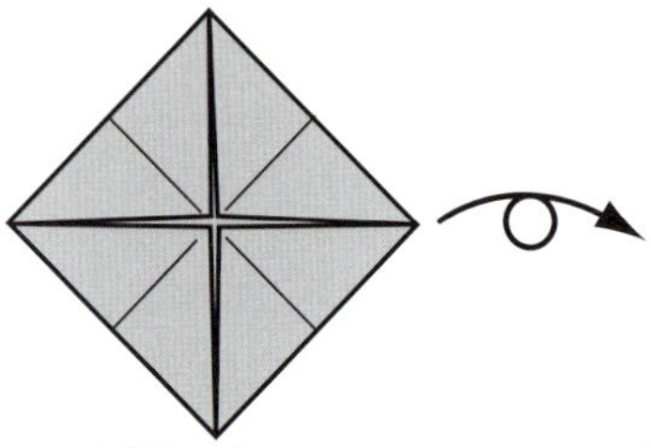

4 Wenden.

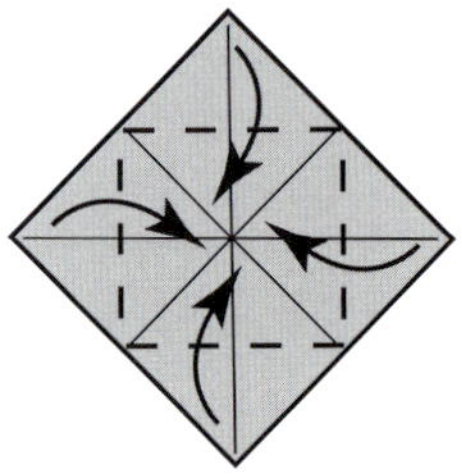

5 Ecken zur Mitte falten.

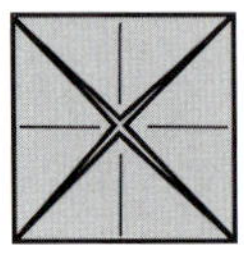

6 Ergebnis von 5.

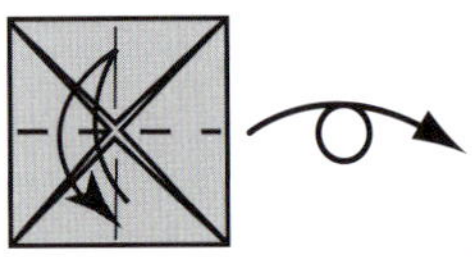

7 Quer falten, wieder öffnen, wenden.

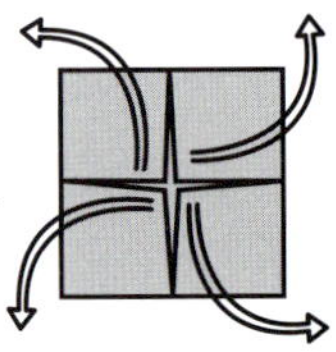

8 Hineingreifen und öffnen.

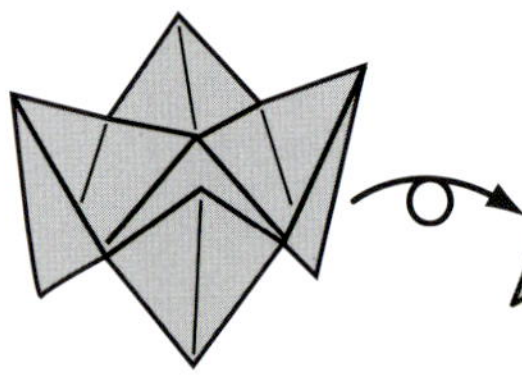

9 Ergebnis von 8. Wenden.

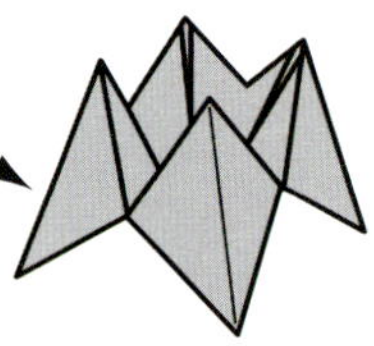

10 Unterseite.

Sternschachteln

Material

- Quadratische Faltblätter in Blau-Gelb, Orange-Grün, Rot-Gelb, 18 x 18 cm

Schwierigkeitsgrad

****

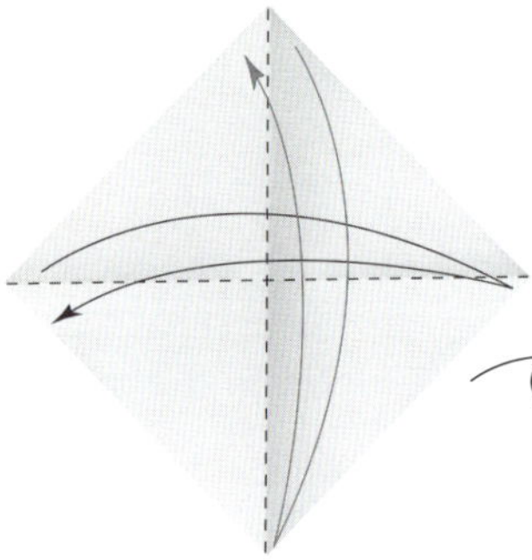

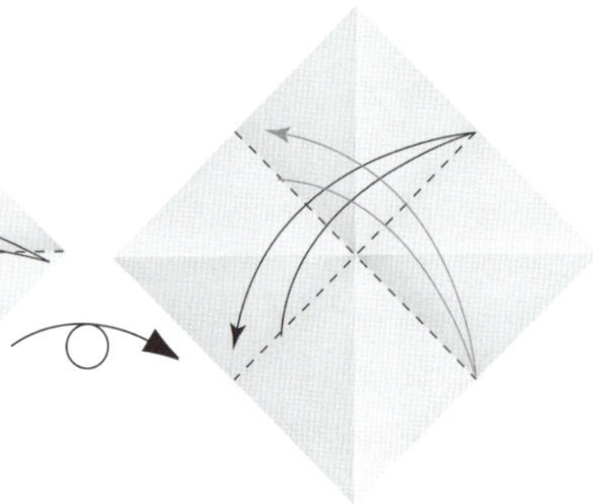

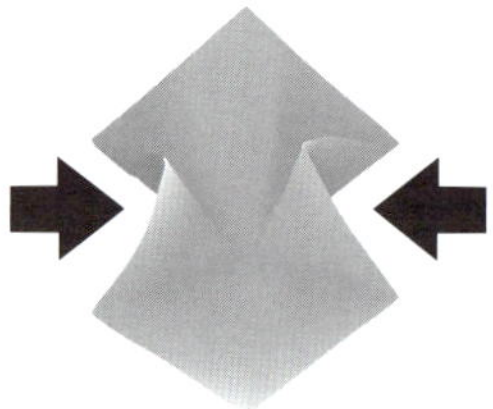

1 Beide Diagonalen des Quadrates falten und wieder öffnen. Das Blatt wenden.

2 Beide Mittellinien falten und wieder öffnen.

3 Die beiden seitlichen Ecken zur Mitte führen und die Faltarbeit zusammendrücken.

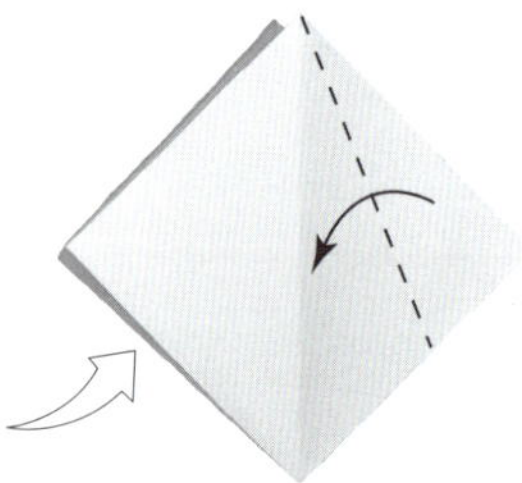

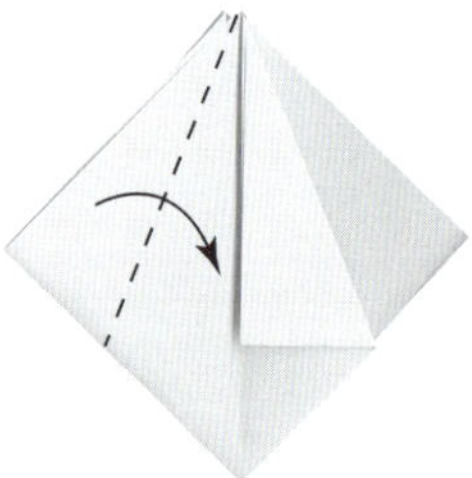

4 Rechte Ecke zur Mittellinie falten (nur obere Lage).

5 Ebenso die linke Ecke und die Ecken auf der Rückseite.

6 Entstandene Dreiecke aufstellen, öffnen.

7 Flach drücken, zur Hälfte nach hinten falten.

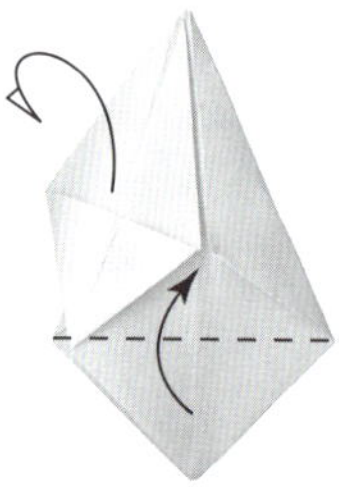

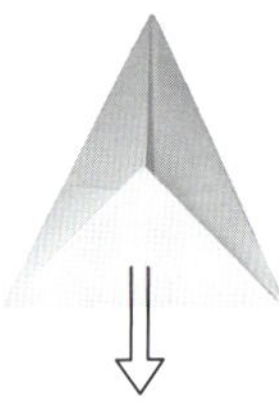

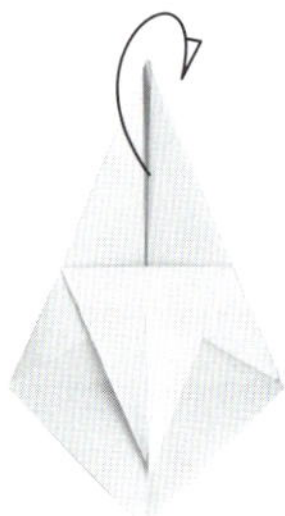

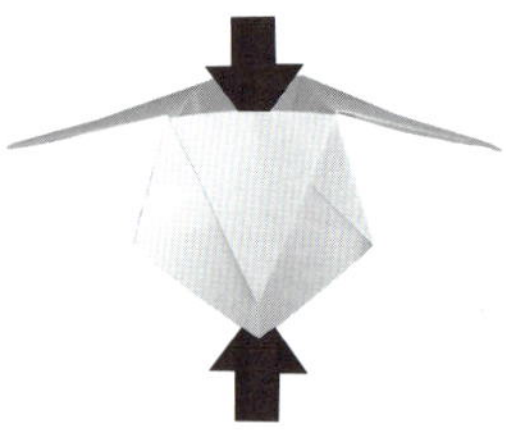

8 Die untere Spitze nach oben falten...

9 ... fest mit dem Fingernagel nachziehen und wieder öffnen.

10 Die vier oberen Spitzen nach unten klappen.

11 Mit den Fingern in die Mitte fahren, den quadratischen Boden in Form drücken.

Engel

Material

- Tonpapier mit kleinen Mustern, zugeschnitten auf 15 x 15 cm
- Fotokarton in Rosa, Gelb oder Silber
- Schafwollrest in Gelb oder Engelshaar in Silber
- Filzstifte in Rot, Schwarz
- Buntstift in Rot
- Nadel und Stickgarn in Weiß
- Motivstanzer „Stern“, 1,5 cm

Schwierigkeitsgrad

***

Vorlage 18, Seite 72

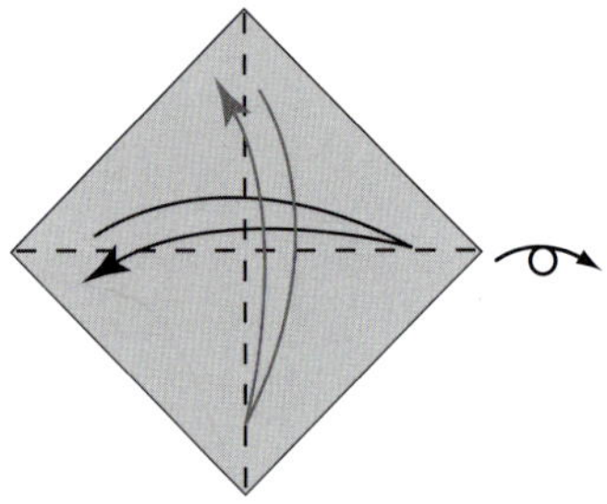

1 Die Rückseite liegt oben. Beide Diagonalen falten und wieder öffnen. Wenden.

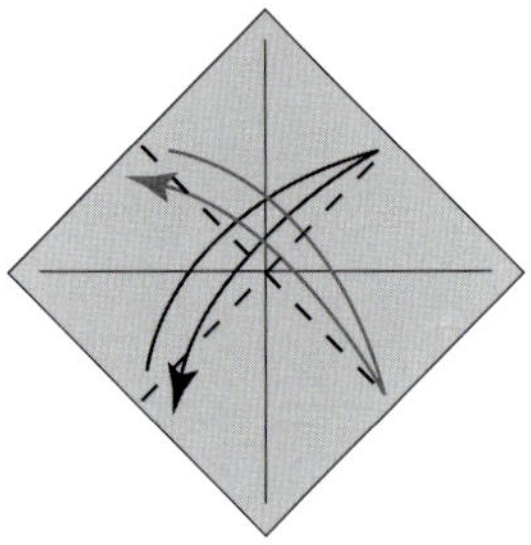

2 Beide Mittellinien falten und wieder öffnen.

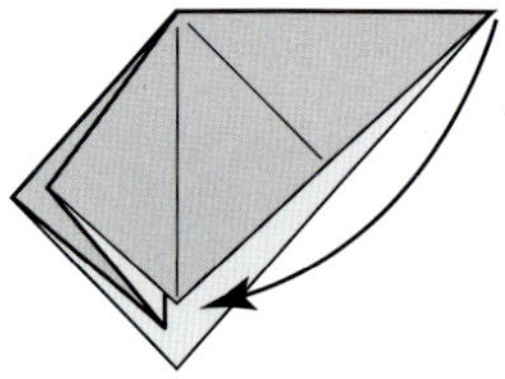

3 Die seitlichen Ecken zur Mitte führen und die Faltarbeit zusammendrücken.

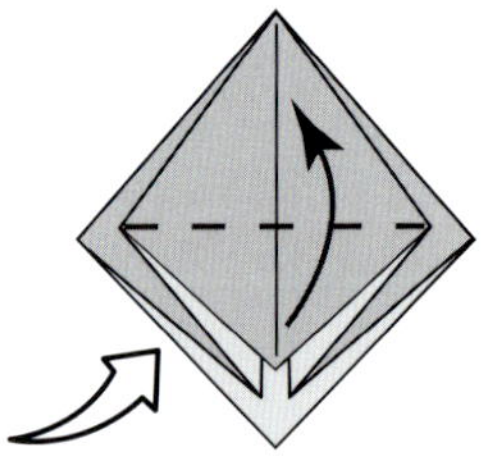

4 Die vordere Spitze nach oben falten.

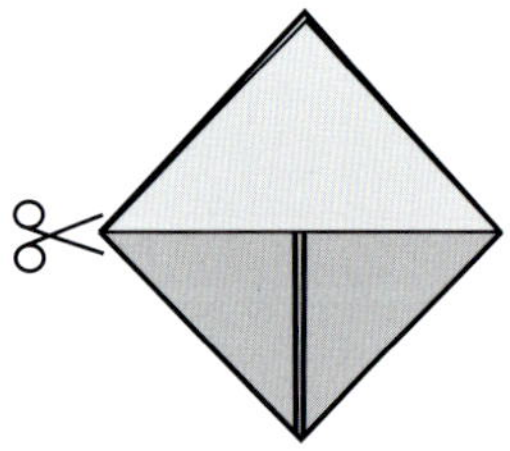

5 Unterhalb der Bruchkante abschneiden.

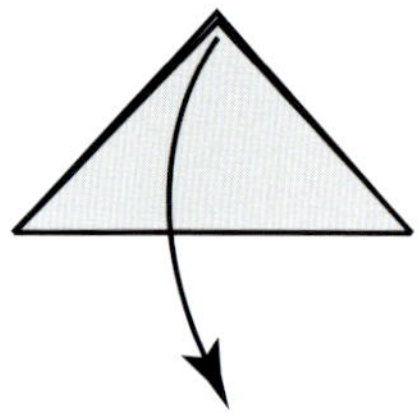

6 Die vordere Spitze nach unten klappen.

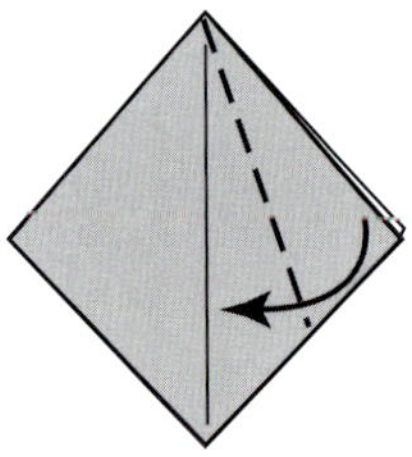

7 Die rechte Ecke zur Mitte falten.

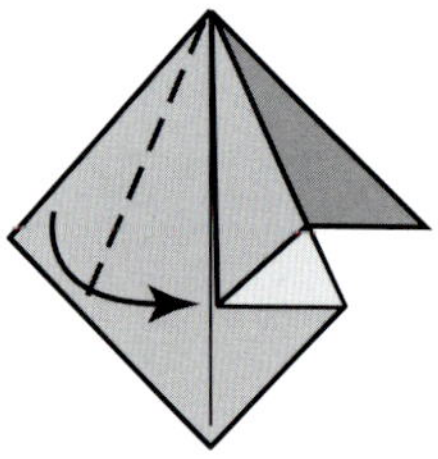

8 Die linke Ecke zur Mitte falten.

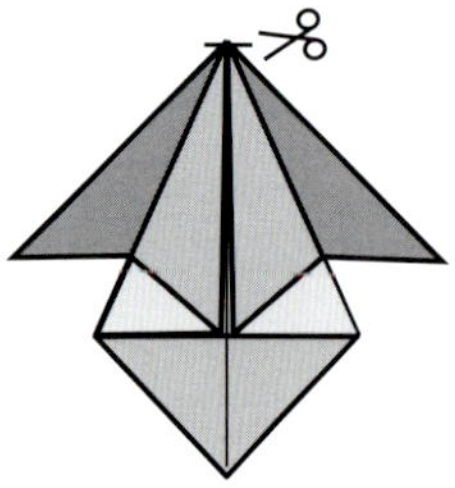

9 Die obere Spitze des Kleides abschneiden.

10 Das Gesicht nach der Vorlage zweifach aus Tonpapier ausschneiden und gestalten. Für die Halskrause einen Kreis von 5 cm Ø ausschneiden, in der Mitte falten und an das Kleid kleben. 20 cm langes Stickgarn in die Nadel einfädeln, am Ende verknoten und durch die Mitte der Halskrause stechen. Das Gesicht vorn, die zweite Lage des Kopfes hinten gegen das Garn kleben. Schafwolle oder Engelshaar am Garn festbinden. Ein Sternchen ausstanzen und an die Stirn kleben.

Wichtel

Material

- Tonpapier mit kleinen Mustern
- Perlmuttpapier in Weiß
- Halbperlen in Schwarz, 0,7 cm Ø
- Pompons in Rot, 1 cm Ø
- Pompons in Grün, Schwarz, 2 cm Ø
- Aufhängefaden
- Klebekissen
- Zackenschere

Schwierigkeitsgrad

*

Vorlage 19, Seite 73

1 Für den Wichtelkörper ein Dreieck von Vorlage 19 auf das gemusterte Papier übertragen und ausschneiden.

2 Von der unteren Seite des Dreieckes aus mit einer Zickzackfaltung beginnen (s. Seite 10). Die obere Spitze des Dreiecks nicht falten.

3 Den Kopf der Wichtel von der Vorlage auf weißes Papier übertragen, mit der Zackenschere ausschneiden und auf den Körper kleben.

4 Die Halbperlen als Augen, Pompons als Nase aufkleben. Zwei Pompons als Schuhe ankleben.

5 Mit Nadel und Faden einen Aufhängefaden an der Mütze anbringen, dabei den Faden durch einen Pompon ziehen.

Tipps

Die Wichtel eignen sich als Anhänger für den Weihnachtsbaum, als Geschenkaufleger oder, aufgereiht an einer Kordel, als Weihnachtsgirlande. Anstelle der gemusterten Papiere kann auch unifarbenes Papier verwendet werden, das die Kinder mit Filz- oder Buntstiften gestalten.

Sterne

Material

Sterne

- Regenbogen-Transparentpapier

Tischlicht

- Regenbogen-Transparentpapier
- 25 Wasserlinsen in Kristall, 6 mm Ø
- Klebestift
- Teelicht in Weiß

Schwierigkeitsgrad

**

Vorlage 20, Seite 74

Anleitung Seite 58

Sterne

Abbildung & Materialangaben Seite 56/57

Fünfecke nach der Vorlage ausschneiden, in Sternform falten und ans Fenster hängen oder zu Windlichtern zusammenkleben. Pro Windlicht werden fünf Fünfecke benötigt, die wie folgt gefaltet werden:

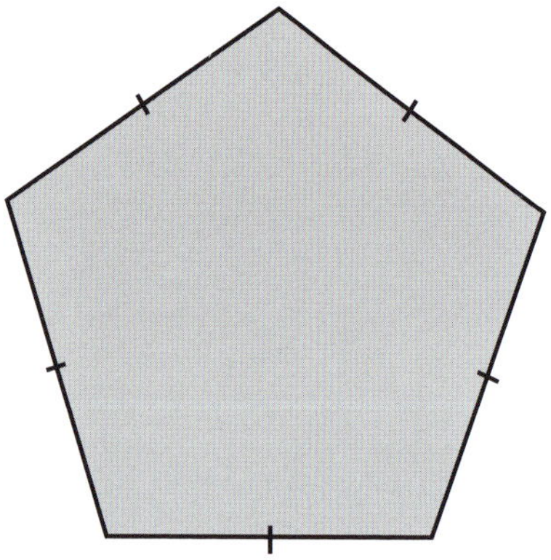

1 Auf allen fünf Seiten den Mittelpunkt markieren (siehe Vorlage). Das Fünfeck ausschneiden.

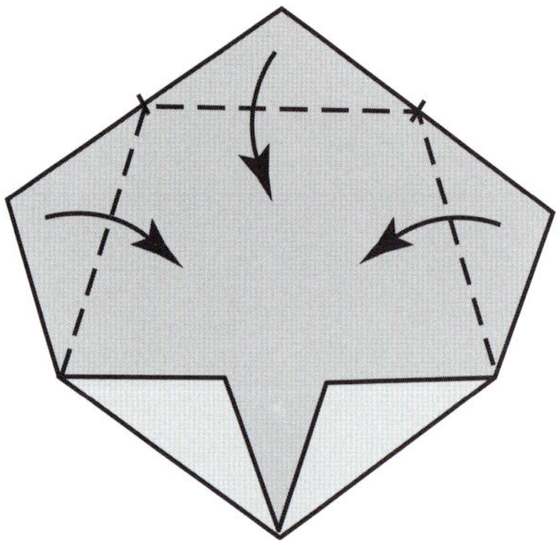

2 Alle Ecken von Mittelpunkt zu Mittelpunkt nach innen falten.

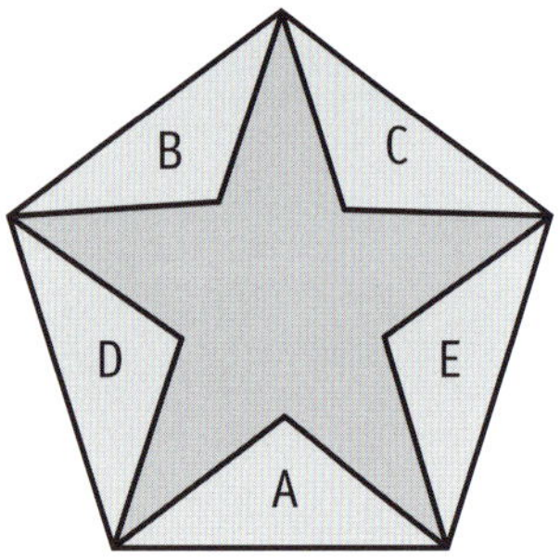

3 Die Ecken A, B, C auf dem Transparentpapier befestigen, die Ecken D und E bleiben offen. Die Faltkanten von den Ecken D und E nebeneinander legen. Nun wird die Ecke E von vorn, die Ecke D von hinten auf dem jeweils anderen Stern angebracht. Die Form zu einer Laterne schließen. Auf jeder Ecke eine Glaslinse fixieren.

Kleine Boxen

Abbildung & Materialangaben Seite 60/61

Für jede Schachtel ein Unterteil und einen Deckel falten und zusammenkleben. Den Deckel mit Stanzmotiven oder Holzstreuteilen verzieren. Nach Belieben ein Satinband umbinden.

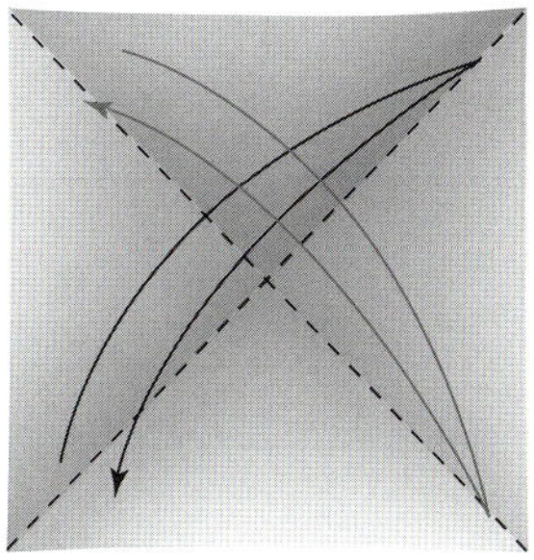

1

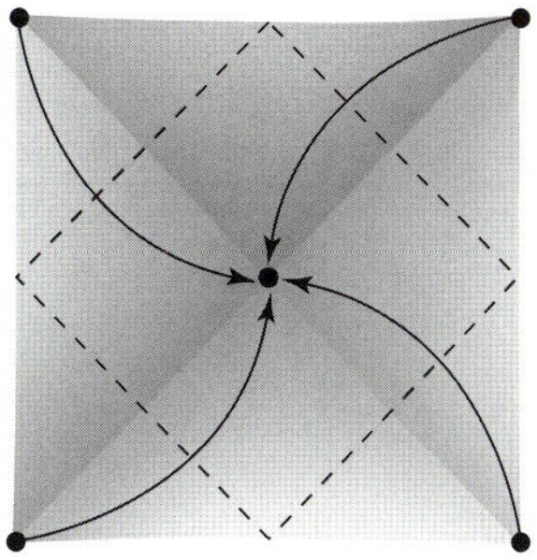

2

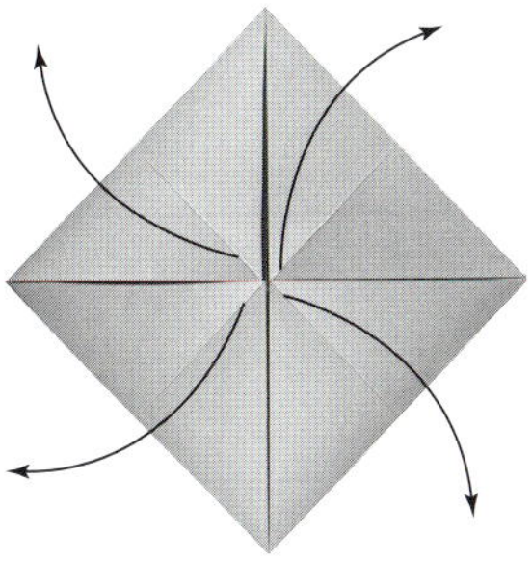

3

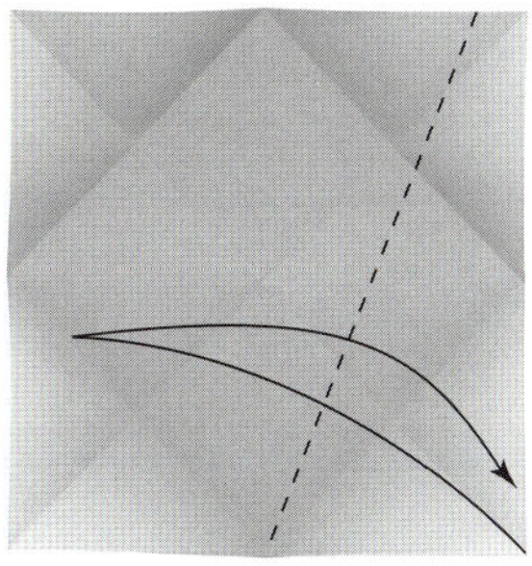

4 Um jeweils 90° drehen, die Faltung an jeder Seite wiederholen.

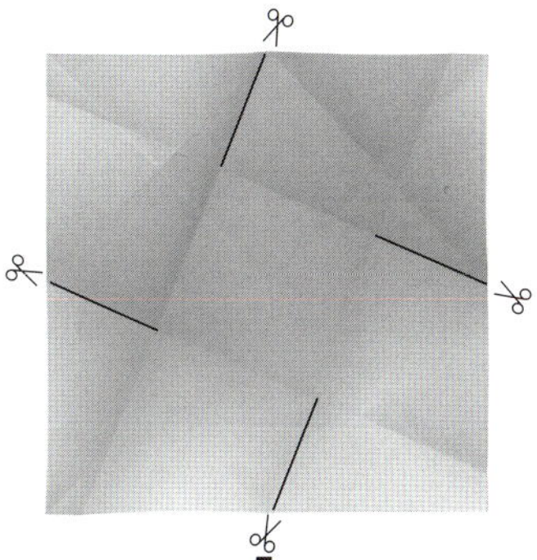

5

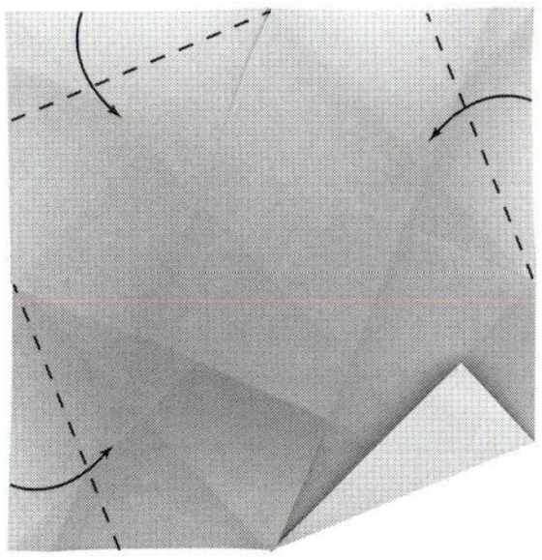

6

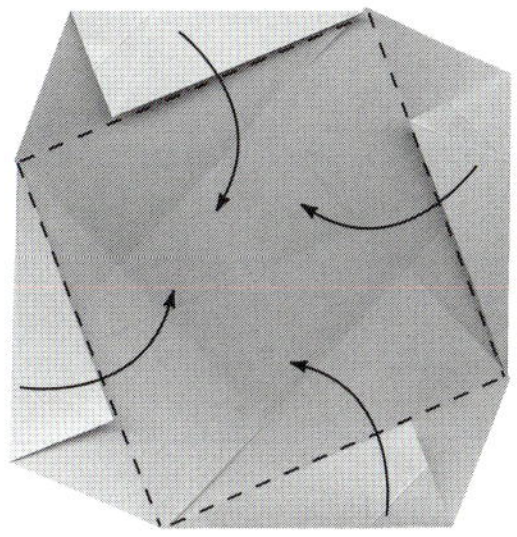

7

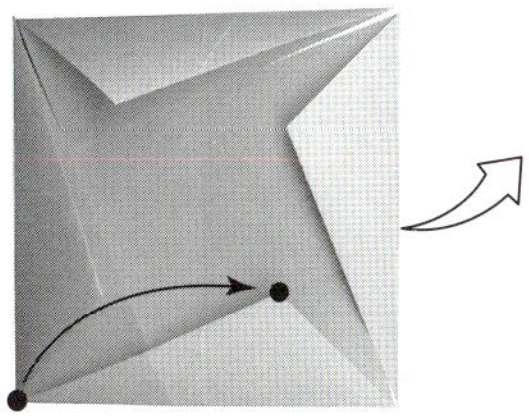

8

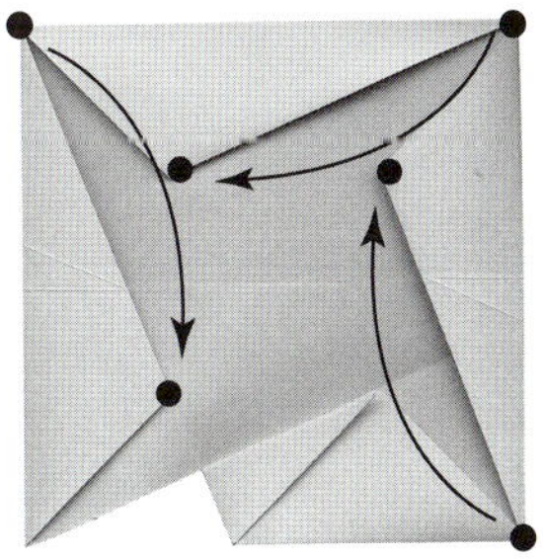

9

Boden

10

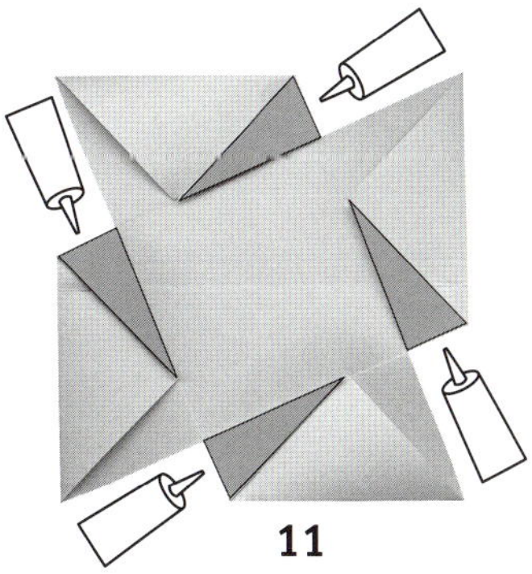

11

12

Deckel

10

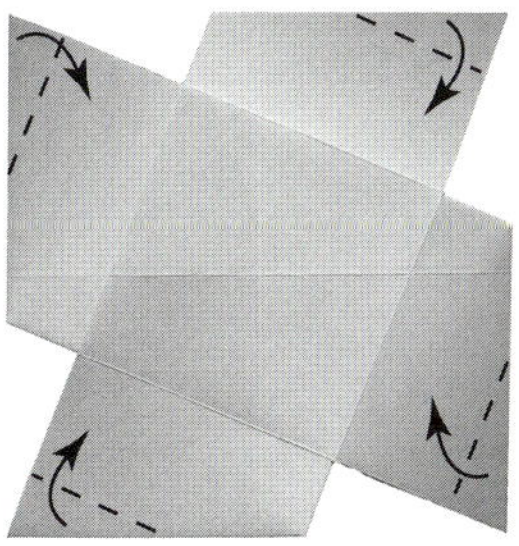

11

12

Kleine Boxen

Material

- Origami-Faltblätter, beidseitig unterschiedlich bedruckt, 15 x 15 cm, jeweils zwei Blatt
- Satinbänder
- Motivlocher, z. B. „Kleeblatt“
- Holz-Marienkäfer

Schwierigkeitsgrad

****

Anleitung Seite 59

Pinguine

Material

Pinguine

- Tonkarton in Weiß, Gelb, Schwarz
- Filzstifte in Gelb, Schwarz
- 3D-Klebeplättchen

Eisberge

- Tonkarton in Weiß

Schwierigkeitsgrade

Pinguin

**

Eisberg

*

Vorlagen 21 – 24, Seiten 74 – 77

Die Motive werden in der auf Seite 26 beschriebenen Basteltechnik angefertigt.
Das weiße Bauchteil samt Schnabel und Auge separat ausschneiden und aufkleben. Füße unterkleben. Die Flügel mit 3D-Klebeplättchen befestigen, so stehen sie etwas vom Pinguinkörper ab.

Vorlagen

1

2

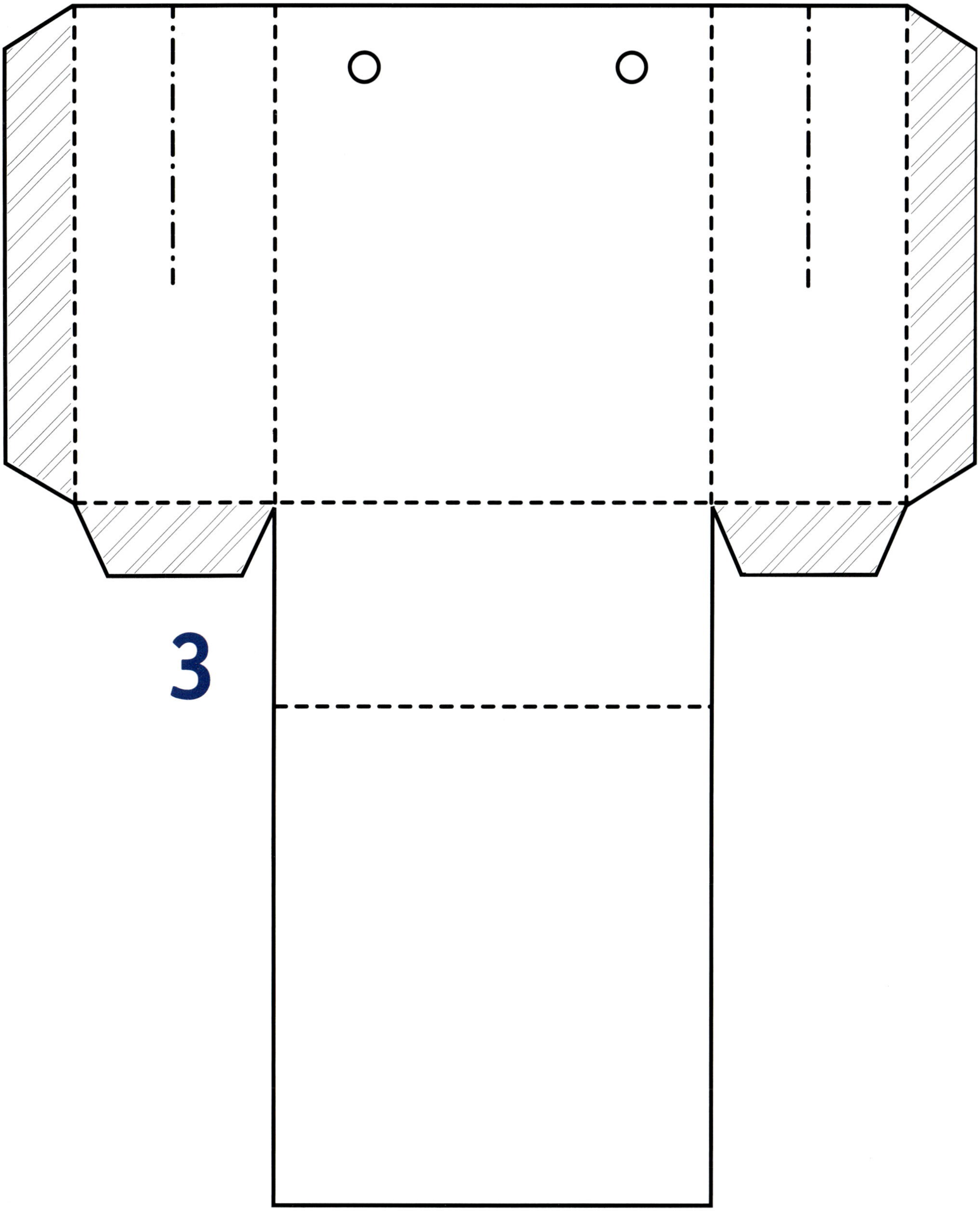
3

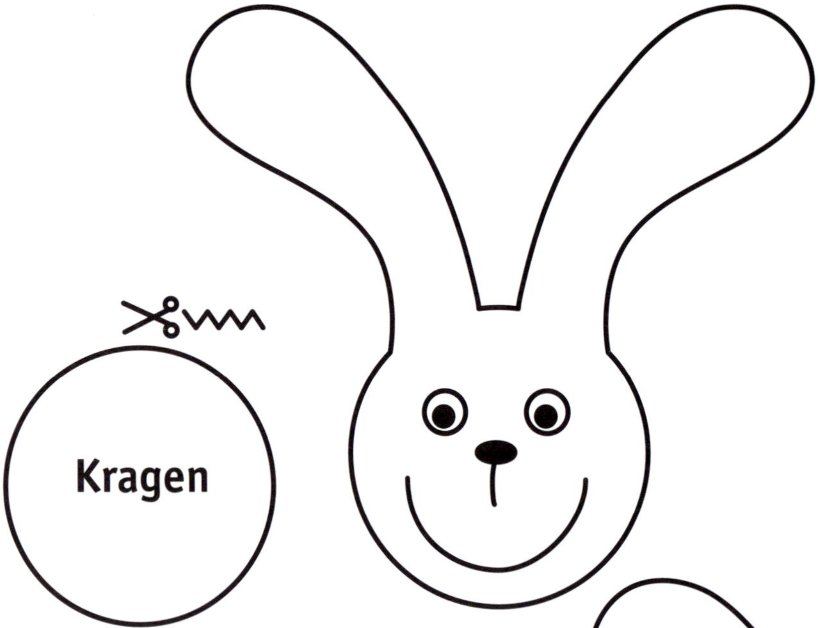

4

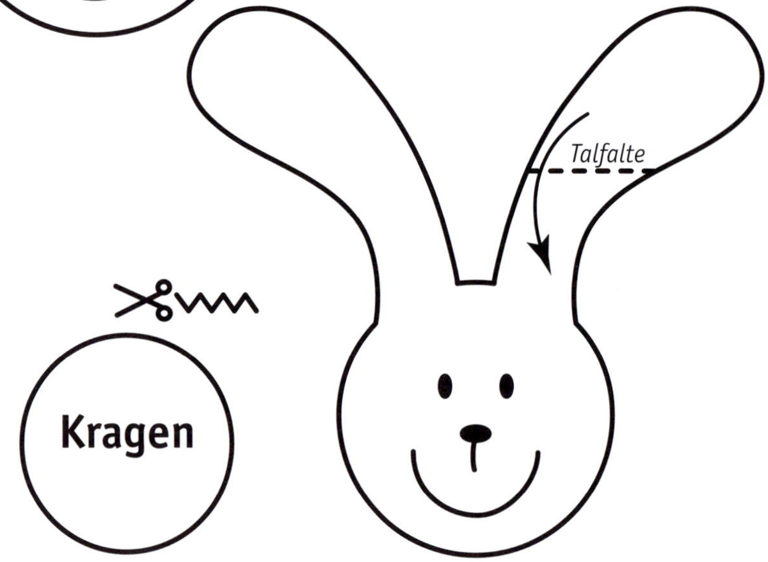

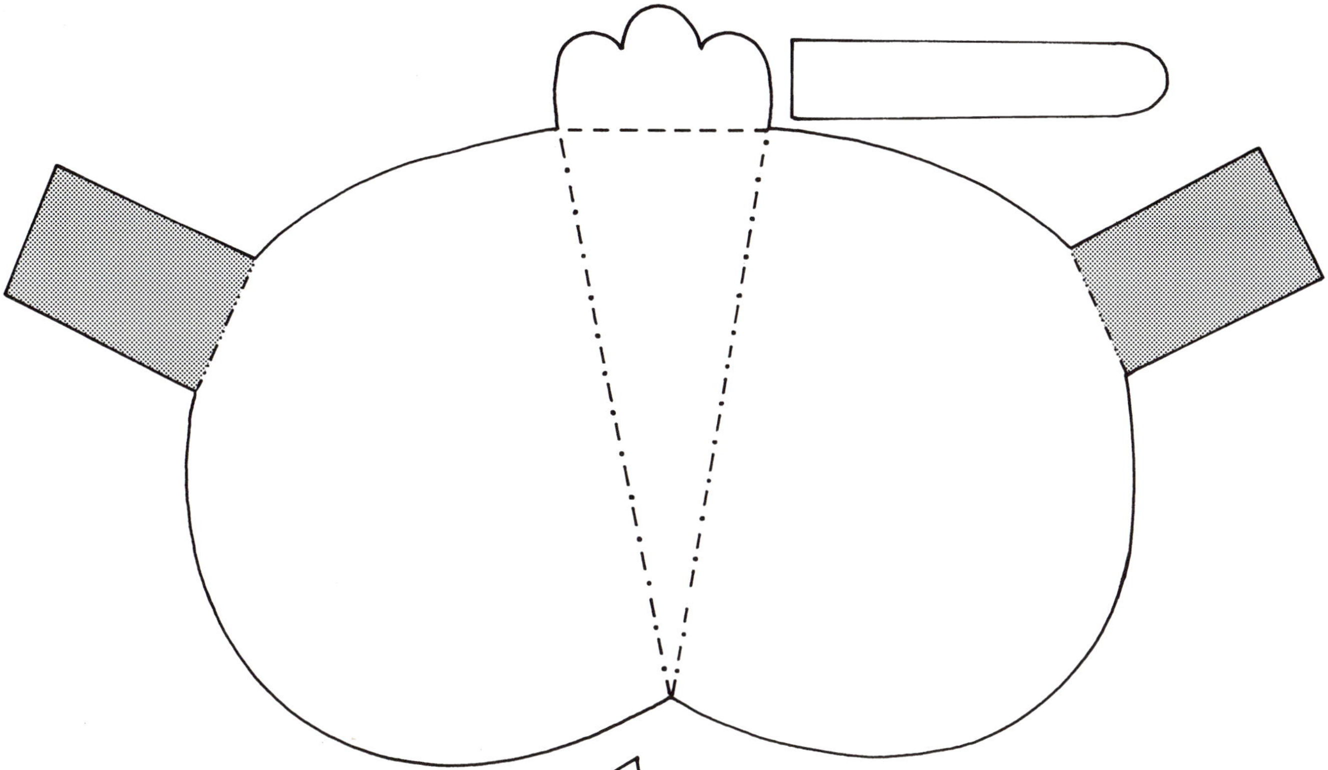

5

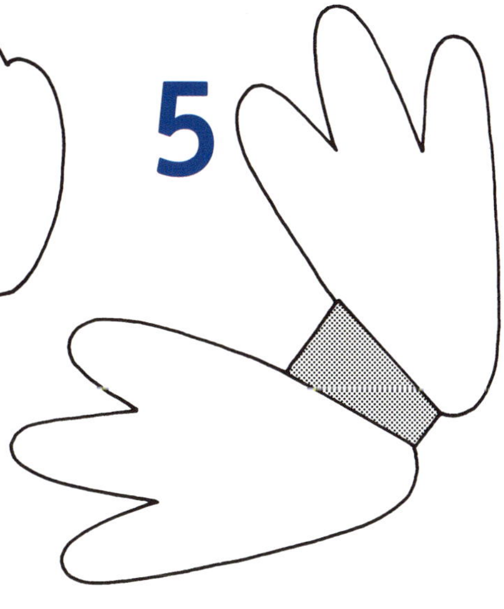

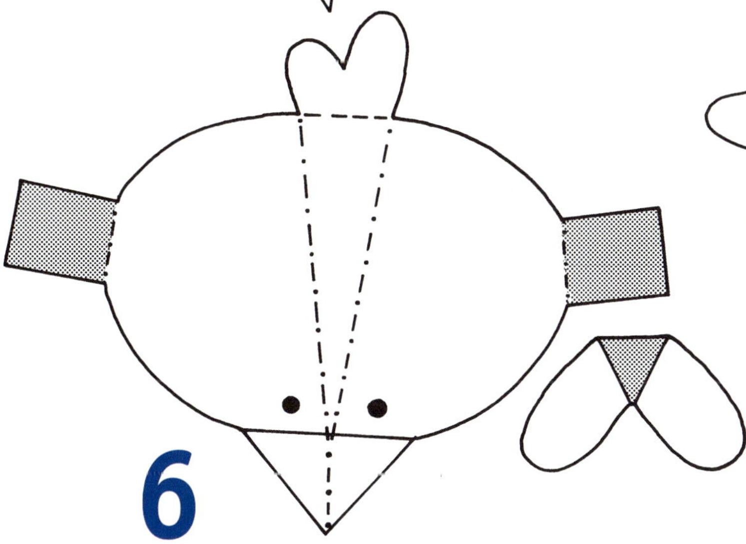

6

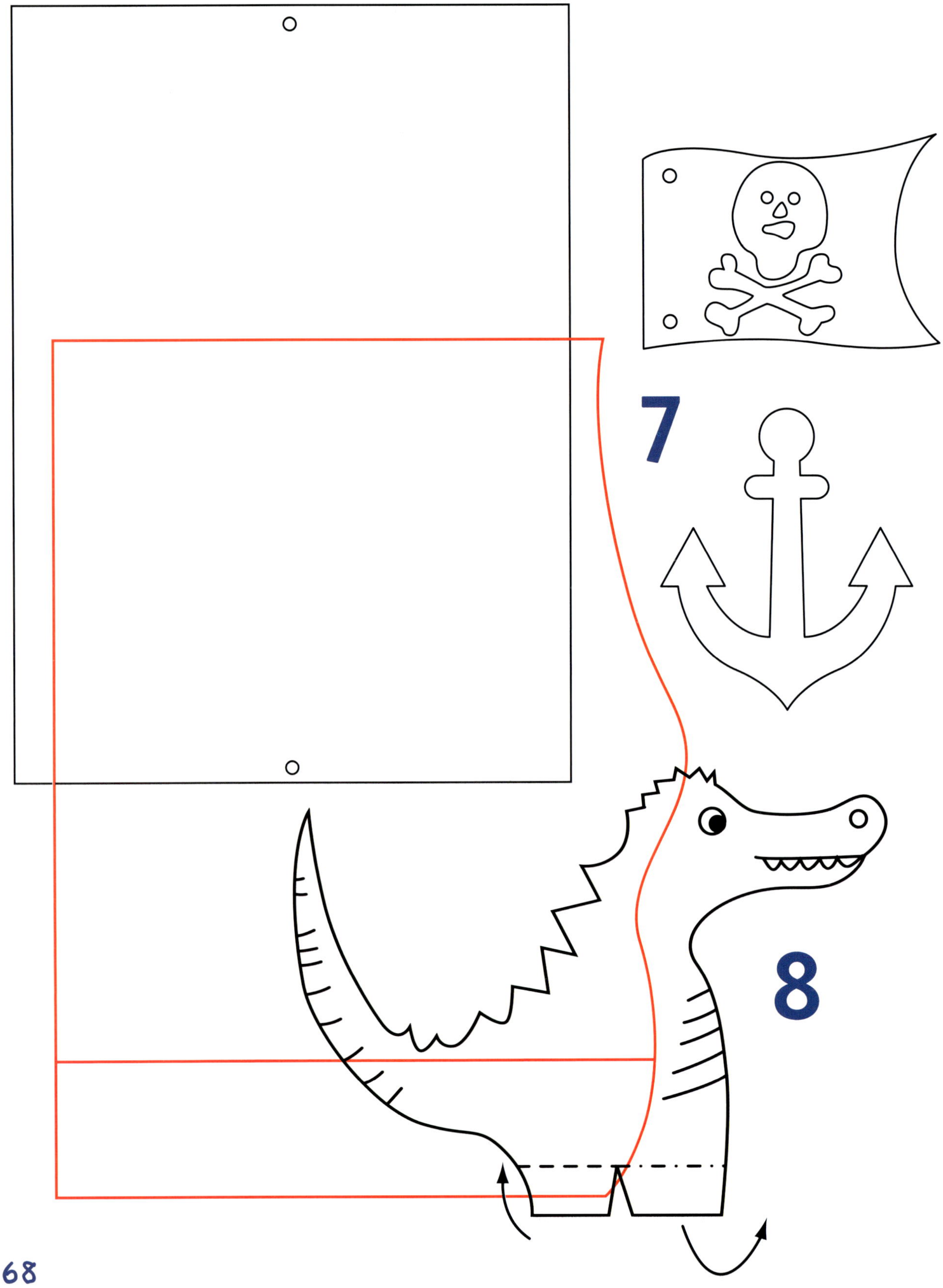

7

8

9

10

11

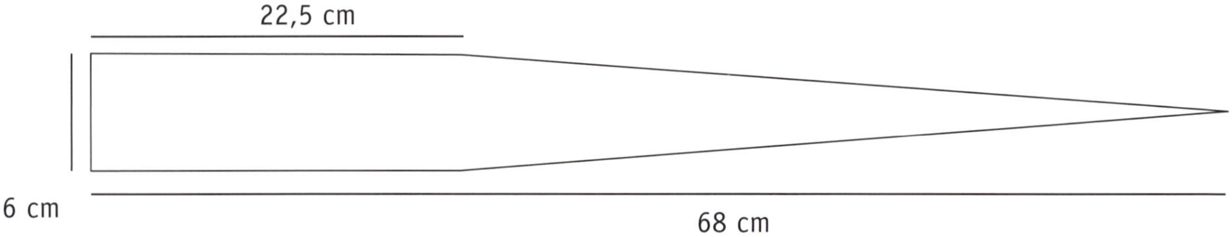

2. Streifen für die Hexentreppe

12

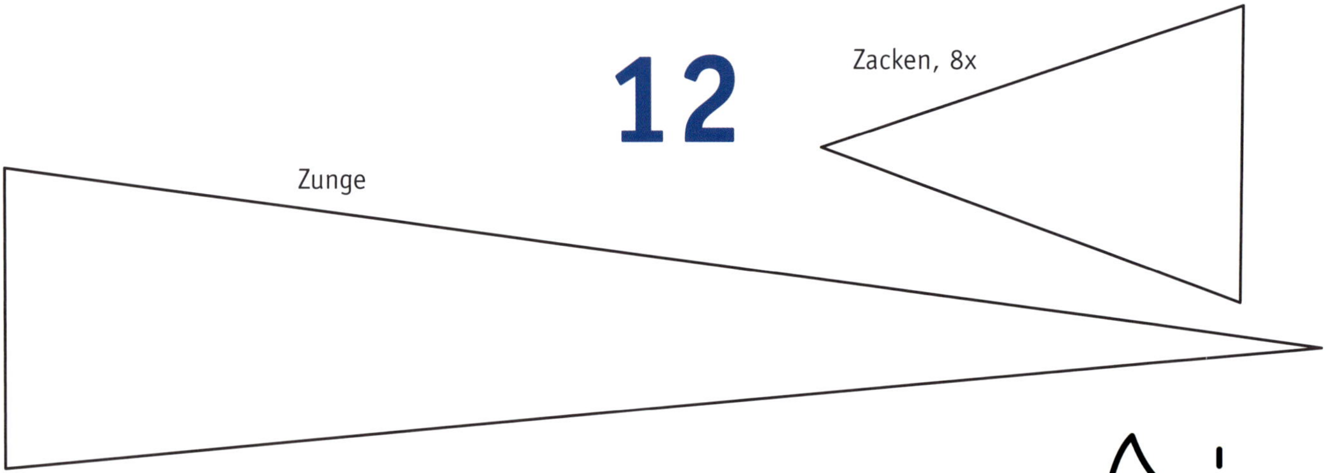

13

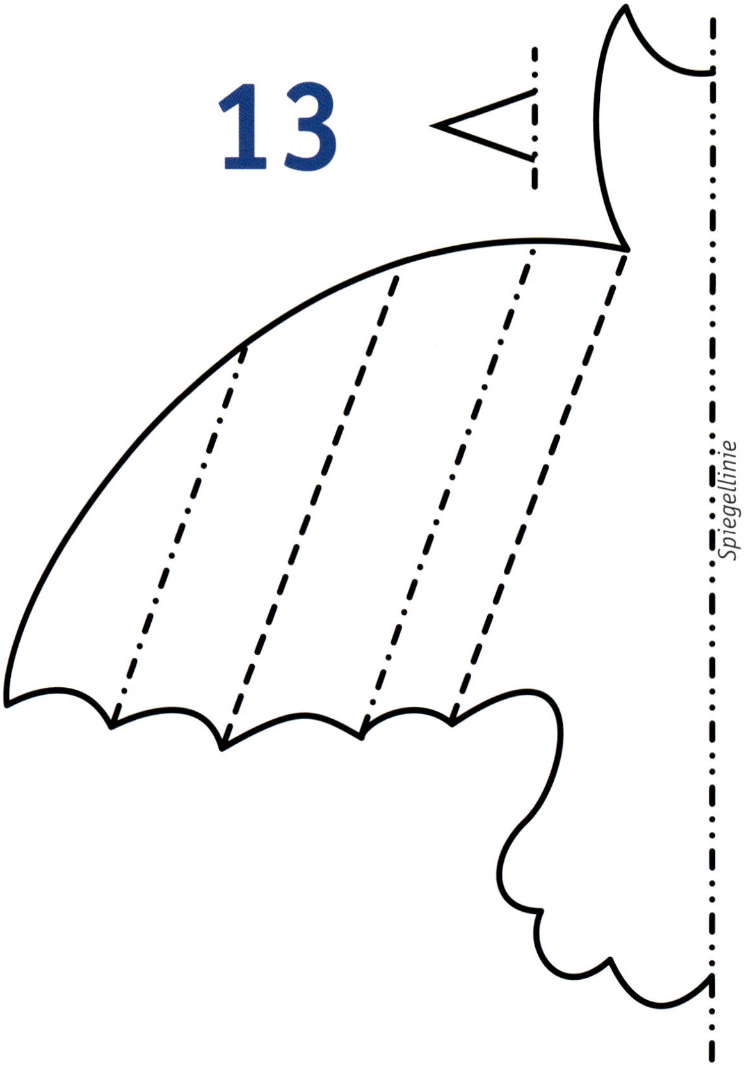

14

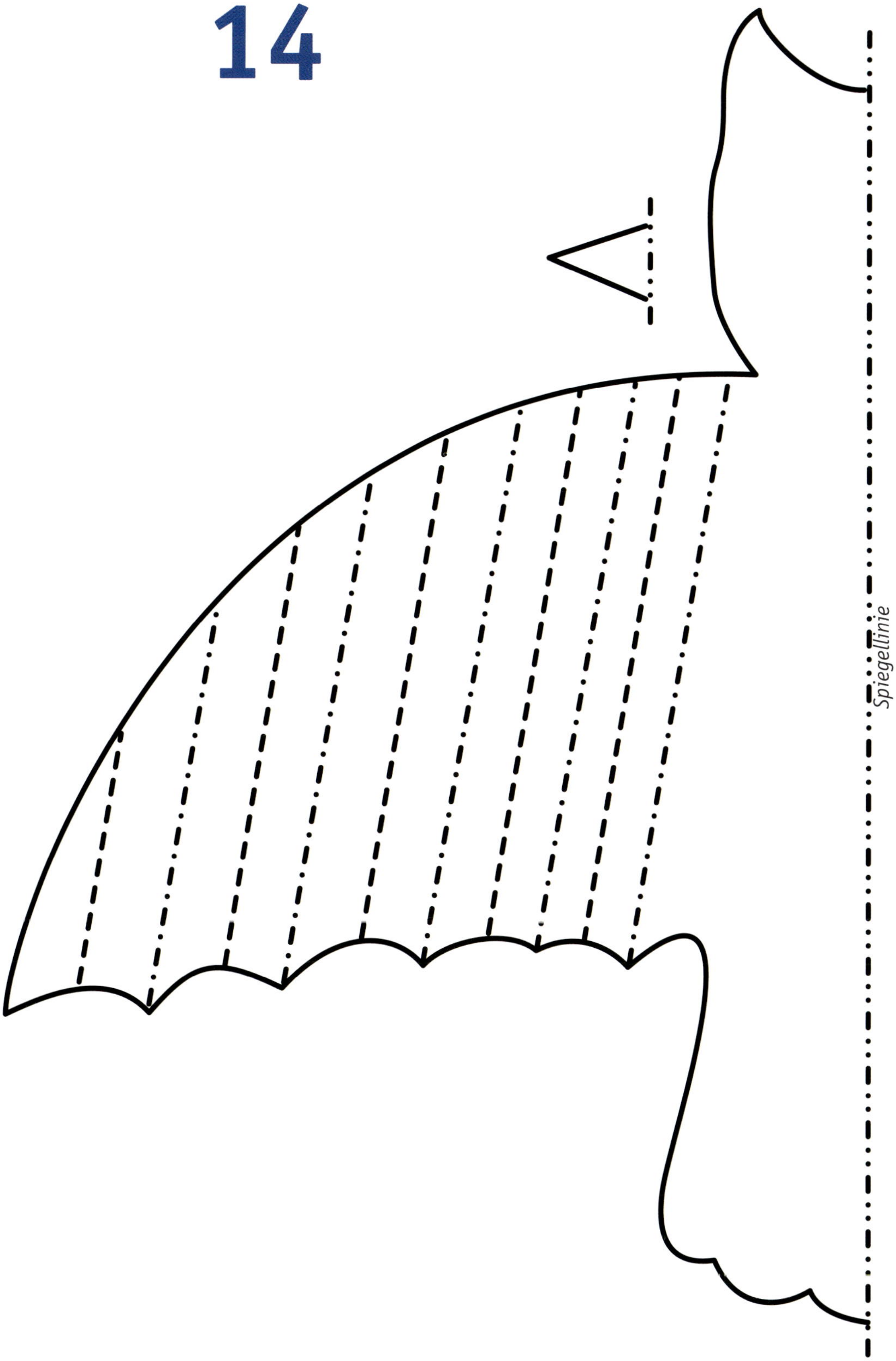

15

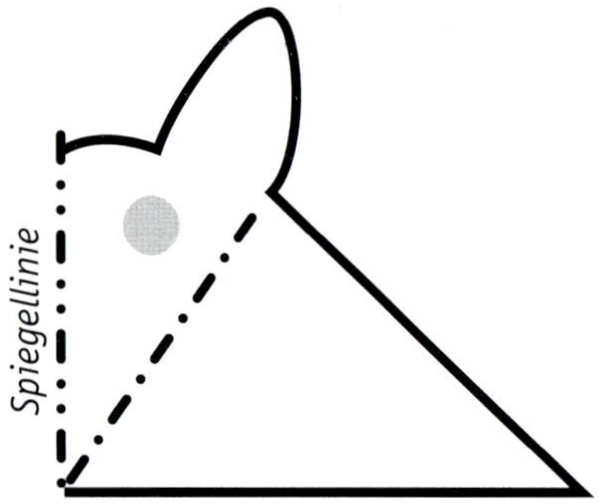

18

16

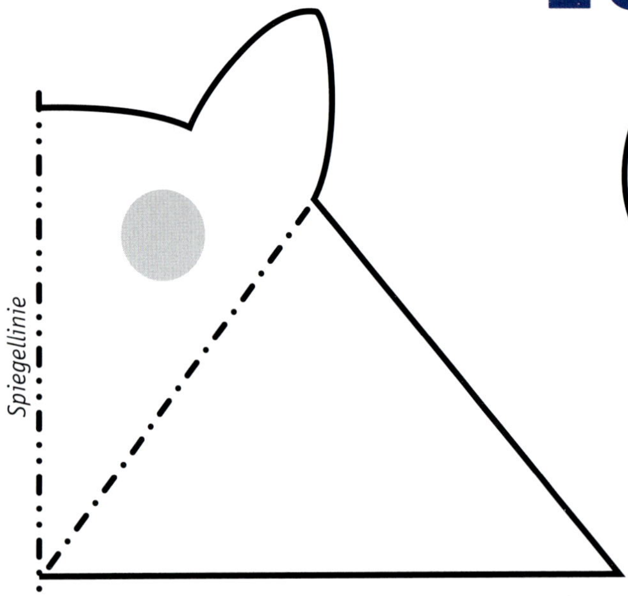

17

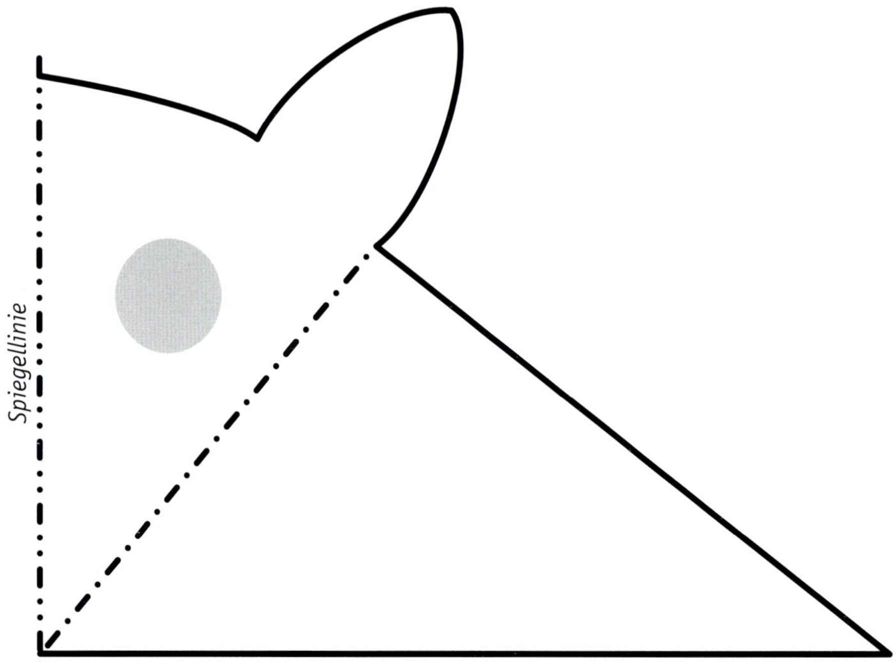

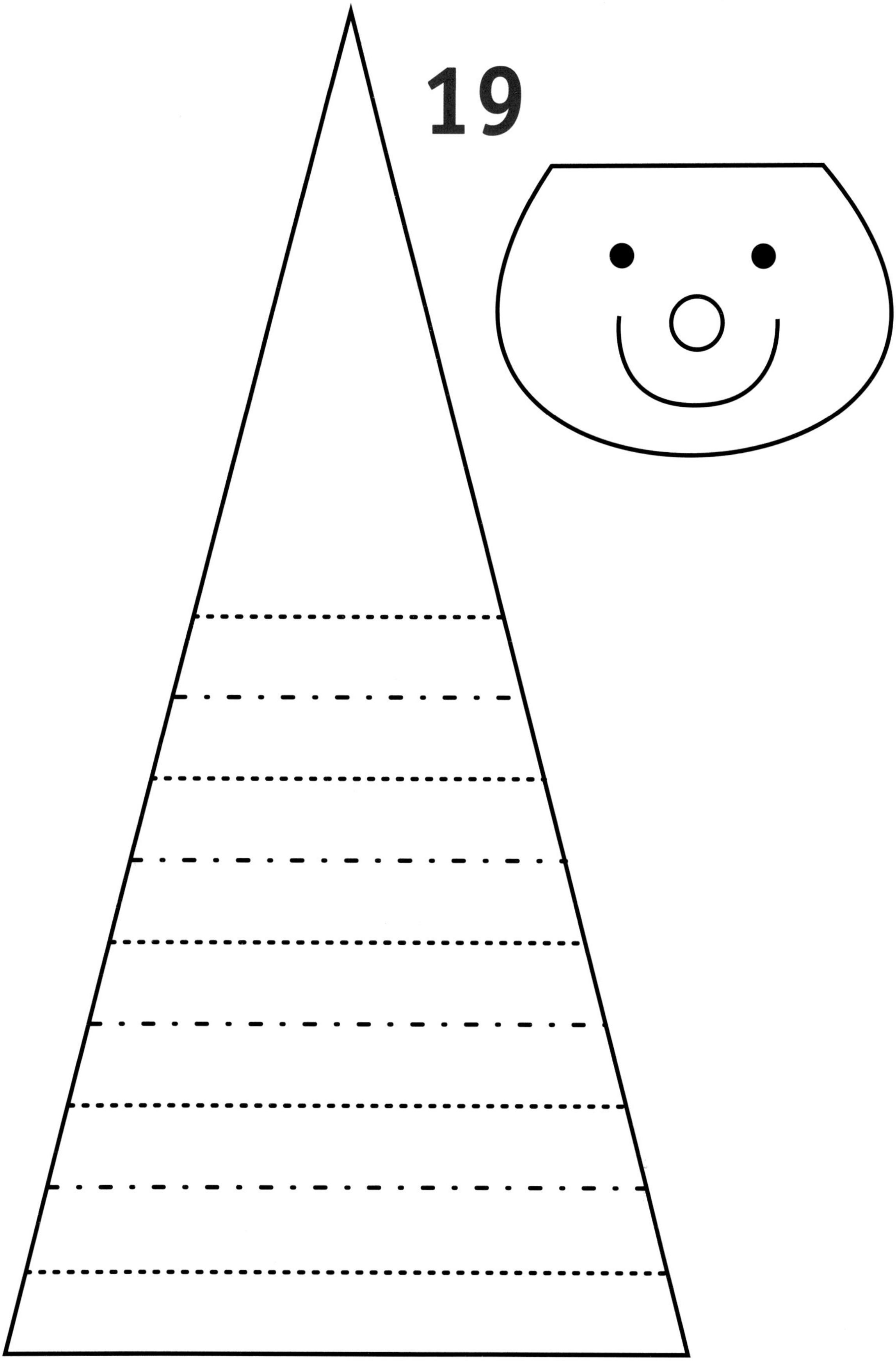
19

21

20

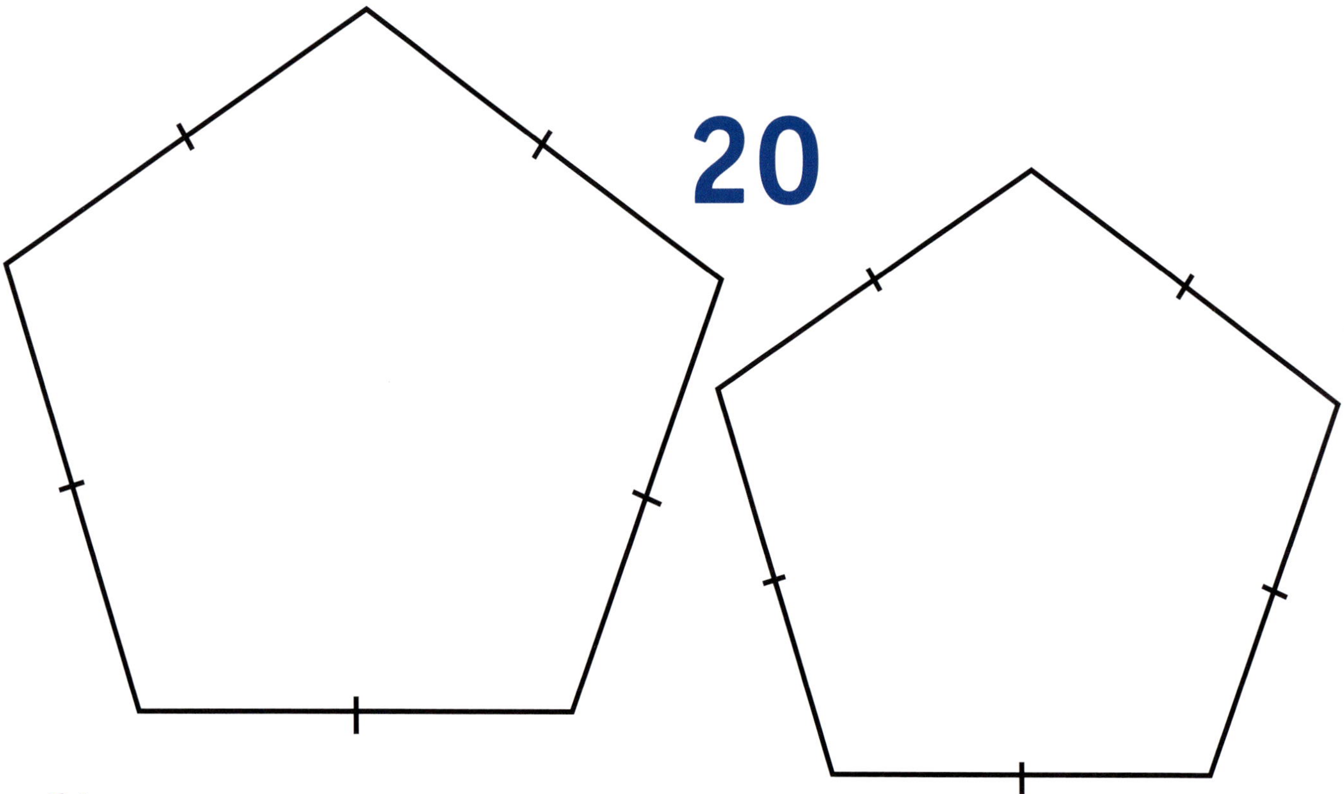

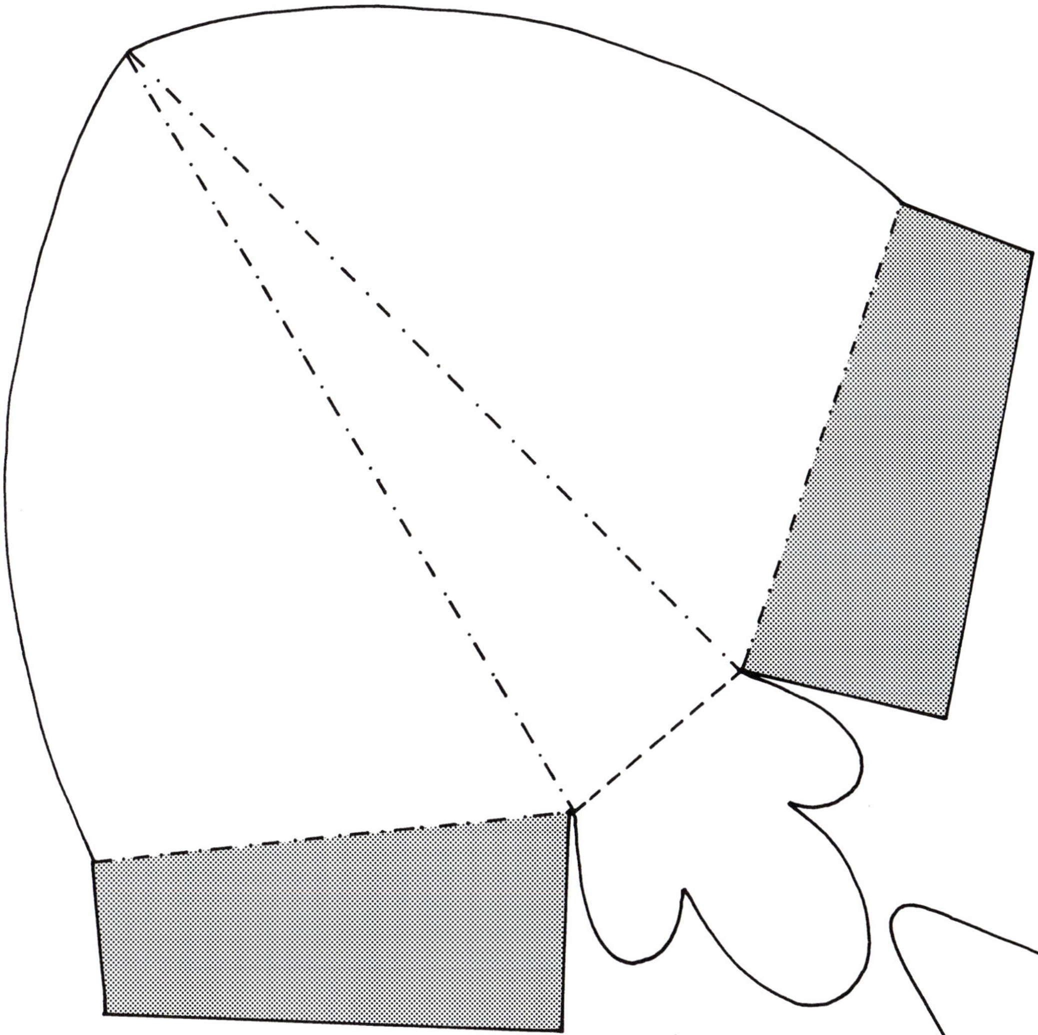

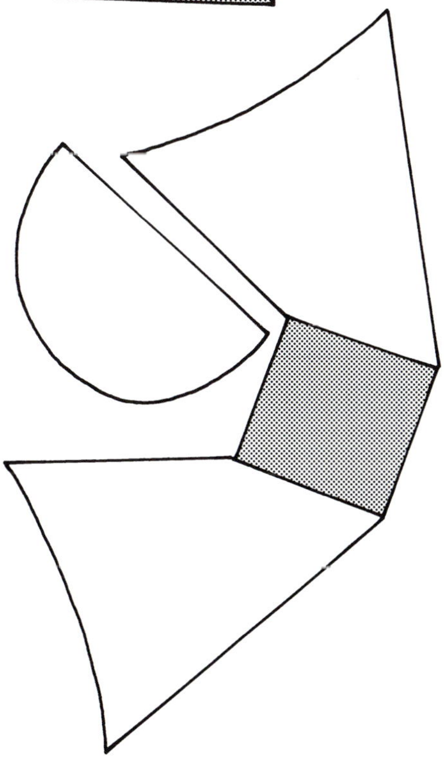

22

23

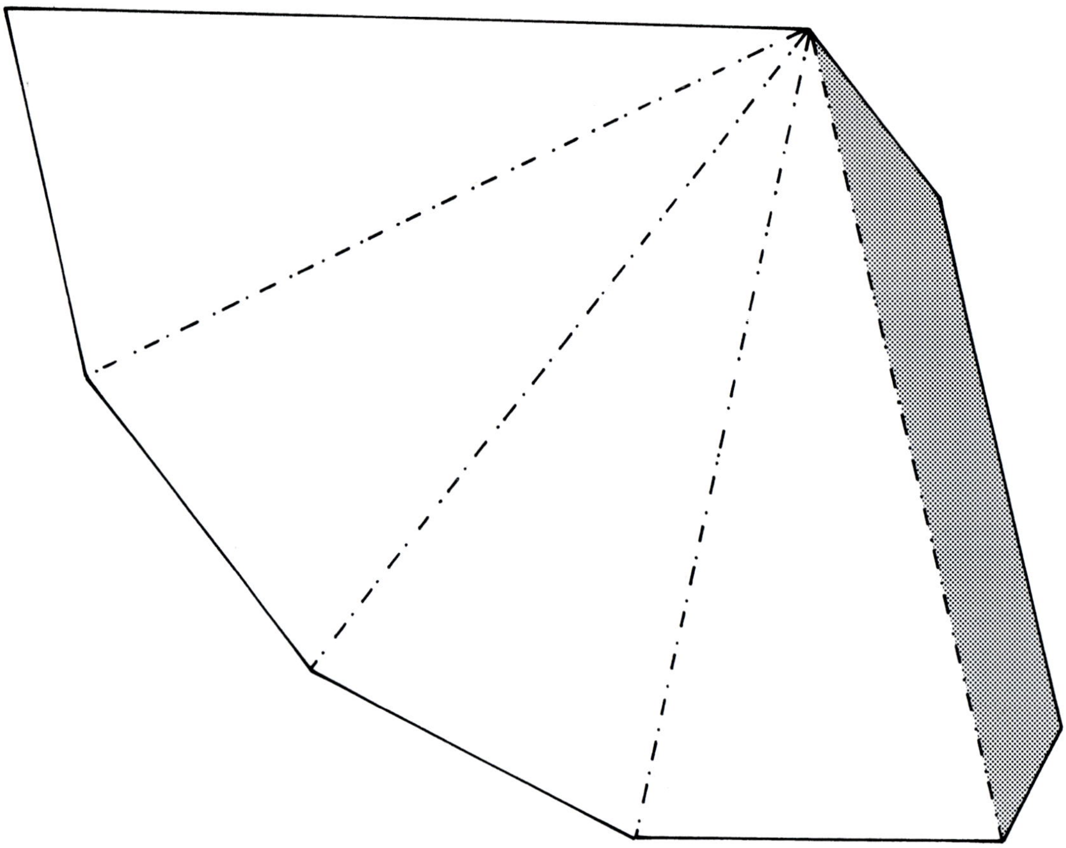

24

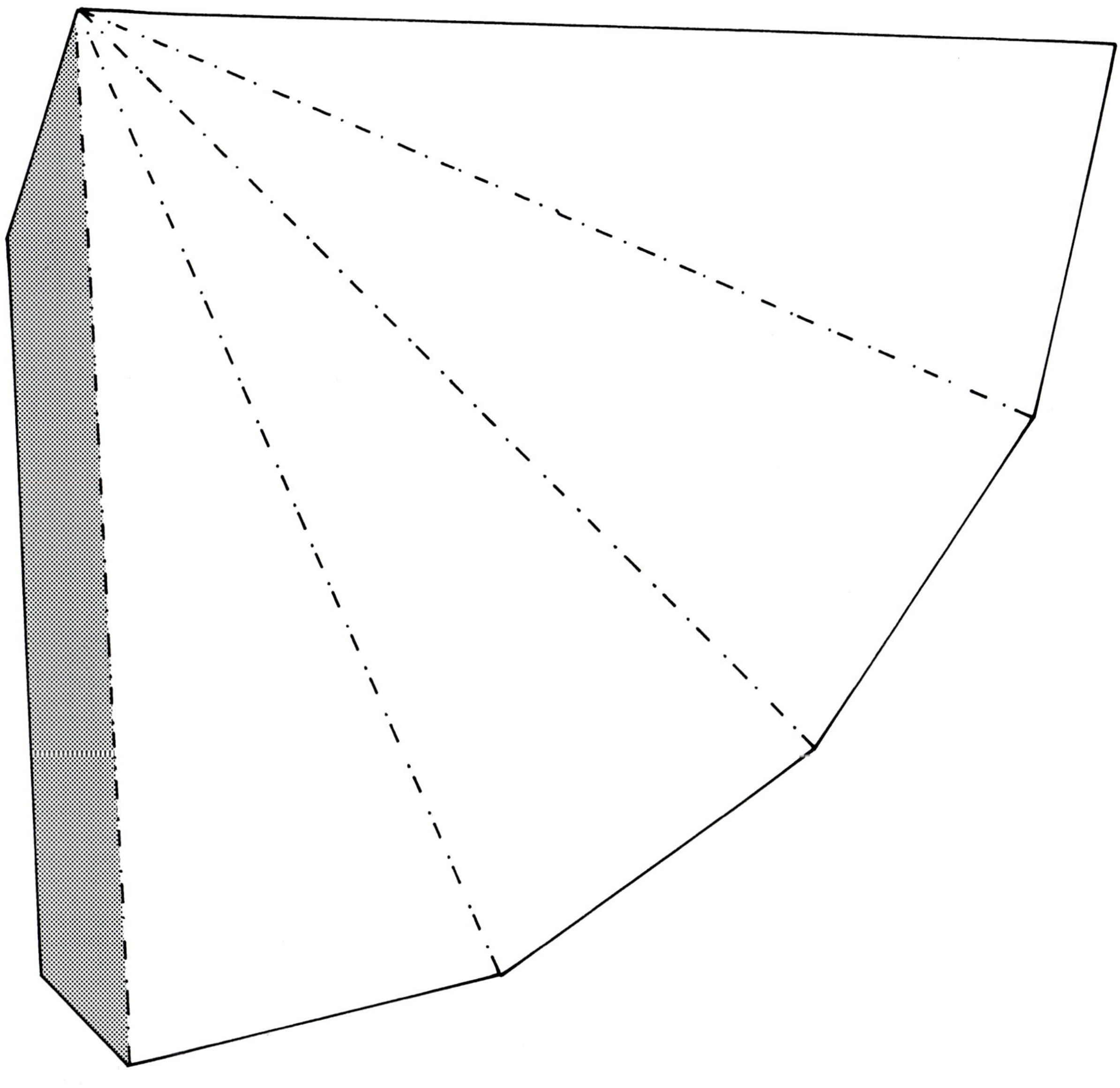

Impressum

www.christophorus-verlag.de

ISBN 978-3-8388-3321-7
Art.-Nr. CV3321

5. Auflage 2012

Autorinnen und Autoren:

Regina-Maria Altmeyer & Michael Altmeyer, Seiten 24/25, 28/29, 62/63

Erika Bock, Seite 22/23

Elke Fox, Seite 38/39

Daniela Köbler, Seiten 30 – 33

Miyuki Lacza, Seite 40/41

Ursula Ritter, Seiten 14/15, 44 – 51

Halyna Salo, Seiten 18/19, 36/37, 60/61

Martha Steinmeyer, Seiten 10 – 13, 34/35, 52 – 55

Ingrid Wurst, Seite 56/57

Fotos:

Michael Altmeyer, Seiten 24/25, 28/29, 62/63

alle übrigen Fotos:
Christoph Schmotz, Freiburg

Lektorat, Gestaltung & Produktion:
Elke Fox, Freiburg

Layoutentwurf und Covergestaltung:
Network!, München

Druck:
Bilnet Printing, Istanbul